U0026933

歷代統紀表

四部備要

史部

上海中華書局據自刻本校刊

桐鄉 陸費逵 總勘

杭縣 高時顯 吳汝霖 輯校

杭縣 丁輔之 監造

版權所有不許翻印

序

易曰大哉乾元萬物資始乃統天所謂統者必如天之統萬物初無殊疆異域之心而有道一風同之治乃大一統也自戰國下迄有明二千四十七年稱一統者八曰秦曰漢曰晉曰隋曰唐曰宋曰元曰明然未有如我

大清之盛者秦隋不以仁義得天下不二世而秦以十八王而滅隋以十八姓而亡固勿足論唯劉漢朱明猶有取焉然戚宦擅恣漢不免莽卓之變明亦不無靖難之兵司馬統十九州而八王構禍貽笑羣翟蔓延十五國卒成南北朝之分李唐統十五道而母后遞煽連釁藩鎮雲擾至十國終至五季之篡宋以遼金夏分據於西北元以宋吳漢割裂於東南一統之世又多不統之區是皆創業而後守成不易以致權日下移而疆圉於以寖薄矣惟我

大清

帝以傳
帝
聖又繼
聖
歷朝延久享之祚
熙洽積自百年
累世握獨斷之權
謨猷洵可千古
先甲三後甲三廿二朝之弊政未見是圖
斂福五錫福五億萬世之黎民無思不服左右誰敢參以私議藩錫誰敢
攜以貳心遠方異國誰敢不朝中國而頌
聖人猗歟盛哉實與唐虞三代比隆豈僅駕唐宋而軼漢明已哉余嘗欲編
爲成書以頌

王猷紬繹久之實有難名狀者及讀西崖歷代一統表而大一統之模概可
覩矣歷代之表大書一統於上而卽以分統者橫列於下以紀其年月
固見無統者胥歸於一統亦以見一統者多有不統也至我
朝之統宇由有明上溯唐虞雖沿革不常所爲州國爲郡縣爲道爲路爲
軍爲省凡歷代之統者無不歸於所統而拓土開疆如西藏青海以及
外藩西域諸統部則我
朝之所統者實又歷代之所未及統也東不盡東海西不盡流沙南極南
海而更南於海北窮北漠而又北於漠尺地莫非王土也一民莫非王
臣也天所統之處卽我
君所統之處其參天贊化之功宛然如繪矣至其分朝紀縣按代繪圖有若
王象之輿地圖疆域敘前代事實而注以今之州縣沿革依今日疆理
而系以古之郡國有若王希先方域志謂兼二子之長乃地輿書之最
善本豈足以盡作者之意也哉西崖與余爲丱角交讀書有得必與反

覆而辯論焉是編尤先獲我心者余不能已於言也是爲序

賜進士出身知山東博山縣事世弟虛谷武億拜撰

序

古昔帝王之御天下也典禮命討原于天尊卑內外人不敢紊是以六經不言統而統自正也周衰聖賢不作綱淪法斁禮廢樂崩馴至彊秦入寇王室七國均敵不相統一後若南北朝及五代華夷紛爭天下無主不得已同謂之無統然作史者每徇所好惡或例義不嚴間有倒亂其統者如陳壽之三國志帝魏寇劉之類有未及成統而遽以大統書之者如通鑑以秦自丙午繼周漢自高祖元年繼秦晉自泰始元年繼魏唐自武德元年繼隋之類所謂統者均未得其正也惟有宋新安朱子綱目一書筆直旨深義正例嚴參諸說而釐訂之又蒙我

聖祖仁皇帝萬幾之暇博稽詳攷析疑正陋釐異闡幽實所以立天地之大綱扶古今之大義深有得於孔子春秋之心法者也但卷帙浩繁學者能熟悉而貫通者甚鮮而坊間刪本非錯記互載參列國建國及割據諸國于正統之中即各國各成一編幾不知列國建國及割據諸國起於何帝終于何代是編爲

初學計仿太史公十表之式分爲數格以正統者正書于上編年以紀其事無統及簒統者低一格而橫書之至列國建國及割據諸國起于某正統某年某月終于某正統某年某月俱橫列于各正統之下而以正統之年月紀之則分觀焉各成各國之史合觀之共成一代之書此所以大一統也統一則綱立綱立則義正矣至其閒所紀之書與人及祥瑞災異之見必其有關於統之所以盛與所以衰者乃摘錄之其典禮命討尊卑內外一皆本

御批綱目云

大清嘉慶歲在昭陽作噩皋月西亳段長基自識

粵稽三代以來漢唐宋明國祚最長而大統之承惟漢明爲正秦隋不以仁義得天下俱不終二世而亡先儒謂爲閏位宜也魏篡漢晉篡魏天之所以報魏者不爽而晉以骨肉操戈貽笑羣翟自五部倡亂卒致南北有割裂之勢隋篡周唐篡隋天之所以報隋者有自而唐以豔妃遞煽貽禍外藩自三鎮連釁卒召五季成篡竊之世宋元之天下俱取于孤兒寡婦之手而宋不有檜侂賈史元不有搠思監撲不花等輩何至有青城之虜崖山之溺和林之逃哉歷觀前代或權臣攬柄或閹豎弄權或宗室構禍強奸乘間而起釁或母后稱制外戚恃勢以作威總由創業以後守成者難權日下移所由致也唯我

大清

皇帝創制顯庸以聖繼聖獨握

乾綱大中居正耳目股肱莫不從令大一統規受萬邦慶億萬斯年永固休命

珍倣宋版印

西崖段君歷代二十四史統紀全表及歷代疆域表沿革表余家購此書已三十餘年家君藏於瓣香書室珍重之至間嘗展閱閱畢必整齊檢束以布裹之余少時受學於家君偶取家君所閱者閱之家君見而言曰經以明理史以致用固實學也但汝年尚少經書亦未讀全何能遽閱此書乎越數年學未成而年已長家君告余曰西崖先生歷代三表簡括詳明學者欲通古今之事此書易於睹記汝於餘閒閱之以廣見聞可也余庭訓是遵遂因餘力以此書時披閱之覺所包甚廣歷代統紀表可該歷代史表與歷代紀事年表與歷代帝王年表疆域表可該歷代地理書沿革表可該歷代皇輿表能註釋

大清一統志表遂有志刊行於世因家遭回祿有志未逮至咸豐丙辰粤匪竄入撫郡散處城鄉余家屢遭其擄掠因之囊橐日虧欲刊未能越辛酉逆匪復擾江右人皆趨避他鄉余亦倉皇失措沿革表因未及檢而失焉余失此書寢不安眠食不下咽累年歷四方採訪書肆中不惟未見問其書名亦無知者求借於藏書之家亦然癸亥冬省垣遇黄君立成出沿革表以授余余欣然喜曰

非西崖在天之靈此書安得而見旣不得見雖欲刊其曷能哉今幸矣得是書而付諸梓矣非余之幸實西崖之幸西崖有知應亦以余爲曠世知己也已

大清同治歲在重光執徐月宜黃後學曾守誠敬齋氏謹跋

凡例

〔正統〕謂周起威烈王二十三年盡赧王五十九年秦起始皇二十六年盡二世三年漢起高祖五年盡炎興元年〇此用習鑿齒及程子說自建安二十五以後黜魏年而係漢統與司馬氏異晉起太康元年盡元熙二年隋起開皇九年盡大業十三年唐起武德元年盡天祐四年宋起開寶八年盡祥興二年元起至元十七年盡至正二十七年明起洪武元年盡崇禎十七年

〔無統〕謂周秦之間秦楚燕魏韓趙齊代秦漢之間楚西楚漢及雍以下諸國晉隋之間宋齊梁陳唐宋之間梁唐晉漢周

〔列國〕謂正統所封之國如周威烈王之前魯衛齊宋等國威烈王以後秦晉齊楚燕魏韓趙田諸國及漢諸侯王之類

〔建國〕諸仗義自王或相王者如秦之楚趙齊燕魏韓

〔篡賊〕謂篡位干統而不及傳位者如漢之呂后王莽唐之武后之類其隗囂公孫述安史之屬不在此例

〔割據〕謂割正統之土地而據之者如蜀漢時吳魏晉宋間二趙五涼三秦四燕成夏北朝魏北齊後周唐宋間晉岐吳西蜀楚吳越閩荊南南漢後蜀南唐殷北漢宋元間遼金元明間天完吳漢宋夏

〔不成君〕謂仗義承統而不能成功者

一是編惟正統者正書于上編年以紀其事所以大一統也

一無統及篡統者低一格橫書之所以別正統也
一列國建國及割據諸國起于某正統某年某月終于某正統某年某月俱
橫列於各正統之下而以正統之年月紀之所以尊正統也
一正統之年則書元其非正統者書初不書元
一災異錄其大者如元旦朔日及日食晝晦如夜流星經天如織之類或疊
見者如大水大旱又山崩地裂日一歲再食之類餘不俱錄
一紀事必其事之得失有關于統之盛衰者如典禮命討之類
一紀官必其人之賢否有關于統之興衰者如后王將相及權倖戚宦之類
餘不俱錄
一郡縣始于秦漢故疆域表獨於秦漢兩朝列縣分注以後或沿或革從可
推考故不復贅而僑置者不與焉
一沿革表依
國朝縉紳全書爲次自唐虞以迄有明按代分考所有邊圉未及載于縉紳者

一遵

大清一統志全錄以表疆域之廣

珍倣宋版印

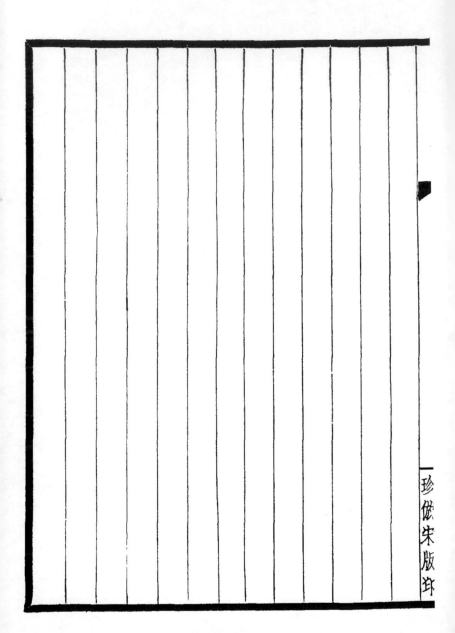

歷代統紀表卷之一

偃師段長基述　男搢書編次　孫鼎鑰、鼎鈞校刊

帝號事蹟	世系	都邑	國號
盤古氏 首出御世之君其時天地初開人生其間茹毛飲血穴居而野處			
天皇氏 始制干支	兄弟十三人		
地皇氏 始定三辰分晝夜辨四時晦朔弦望由之以定	兄弟十一人		
人皇氏 始立九州君臣以定政教以興	兄弟九人		

循蜚紀凡二十二氏
因提紀凡十三氏
禪通紀凡十九世伏羲神農在內
疏仡紀其世自黃帝以迄于周其事蹟俱荒遠難稽從五帝紀

太昊伏羲氏
風姓都陳代燧人氏有天下
始造書契
龍馬負圖出于河帝因而畫卦

太昊之母居華胥之渚履巨人跡因而有娠生帝于成紀以木德繼天而王故風姓傳十五世
史皇氏卽倉頡
柏皇氏
中央氏
大庭氏
栗陸氏
昆連氏
赫胥氏
葛天氏
尊盧氏
昊英氏
有巢氏
朱襄氏
陰康氏
無懷氏
女皇氏

都于陳今開封府屬

太昊號伏羲氏亦曰庖羲在位一百一十年

炎帝神農氏
育于姜水故姓姜代伏羲

少典氏之君娶于有蟜氏之女曰安登生二子長曰石年育于

都陳遷曲阜

號神農氏本起于烈山又號烈山氏一曰厲山亦曰連山其初

氏有天下
始藝五穀嘗百草
始爲日中之市

姜故姓姜以火德代伏羲治天下傳八世凡五百一十五年

國伊繼國者合而稱之又號伊耆氏在位一百四十年

帝臨魁
神農子在位八十年

帝承
臨魁子在位六十年

帝明
承子在位四十九年

帝宜
明子在位四十五年

帝來
宜子在位四十八年

帝襄
來子在位四十三年

帝榆罔
襄曾孫在位五十年時諸
侯尊公孫軒轅氏爲天子
號有熊氏

黃帝軒轅氏
代神農氏而有天下戮榆
罔于板鄉泉
誅蚩尤于涿鹿
命大撓作甲子
命隸首作數
命伶倫作律呂
作冕旒衣裳
命元妃西陵氏教民蠶

世系
姓公孫氏因長于姬
又以姬爲姓初神農
氏母弟世嗣少典氏
爲諸侯少典國君之
妃曰附寶生帝于軒
轅之邱因名帝子二
十有五人得姓者十
四人元妃嫘祖生子
二人長玄囂次昌意
○少典國號非人名
也如謂國君之名炎
帝卽少典氏子黃帝
與炎帝中間相隔八
帝凡五百餘年豈得
相代而有天下乎

都邑
都涿鹿今直隸保安州

國號
號軒轅氏亦曰有熊
氏在位百年崩于荊
山之陽今河南閿鄉
縣

丁未 少昊金天氏

名元囂黃帝長子一
名摯

都曲阜

號金天氏在位八十
四年葬雲陽今曲阜

縣

帝號	世系	都	在位
辛未 顓頊高陽氏	黃帝次子昌意之子	都帝邱今河南滑縣又遷于高陽	號高陽氏在位七十八年葬濮陽今滑縣
己丑 帝嚳	名夋少昊之孫蟜極之子	封于辛號高辛氏都亳今河南偃師縣	以封于辛號高辛氏在位七十年葬頓邱今滑縣
帝摯	高辛氏之子在位六年仍以高辛氏紀年		
甲辰 帝堯 元載命羲和 二載定閏法 十二載巡狩 甲子二十一載 四十一載舜生諸馮 六十載舜以孝聞 七十載舉舜登庸	高辛氏子帝摯之弟摯無道諸侯廢之尊帝為天子	都平陽今山西平陽府	初封唐號陶唐氏在位百年

七十二載使禹平水土益掌火棄教民稼穡契爲司徒

七十三載薦舜于天舜受終于文祖

甲子八十載禹告成功

八十一載封禹於有夏

封四岳於有呂

加賜伯益

封契于商

封棄於邰

春秋大事表云稷契是舜之臣舜即位而後舉堯之時未嘗用之按此不過因尙書黎民阻飢百姓不親數語是舜命之詞而云然也不思舜是因禹之讓而申命稷契仍受舊職以終其事耳觀孟子勞來匡直數語明是放放勳命契爲司徒之言棄生而岐嶷堯以爲農封于有邰漢唐宋諸儒言之甚悉何得以堯未嘗用也

百載乃殂落

百有二載舜避南河之南

丙戌帝舜有虞氏

元載月正元日格于文祖

禹皋陶陳謨　巡狩

五載韶樂成

六載巡狩

三十三載禹受命于神宗

命爲敘洪範九疇復九

州

系出虞幕姓虞氏虞都蒲坂幕爲諸侯生窮蟬窮蟬生敬康敬康生勾望勾望生蟜牛蟜牛生瞽瞍瞽瞍生帝于諸馮之姚墟故以姚爲姓居潙汭又以潙爲姓

號有虞氏在位五十載

按舜非黃帝裔也堯妻舜二女寧有同姓爲婚之理若云舜爲顓頊後則舜爲黃帝八世孫舜御堯女實爲祖姑尤謬矣舜祖虞幕生窮蟬後人以窮蟬爲顓頊後不知顓頊有子八愷並無窮蟬之名也蘇氏云虞祖顓頊而宗堯皆因受天下於人必告

所從受於人之祖宗故顓頊帝嚳當爲文祖堯當爲神宗則舜固非顓頊後也舜受于文祖復格于文祖皆堯之太祖也祖考來格則舜之祖考也

三十五載咨禹征有苗

甲子 三十有九載

四十八載陟方乃死

五十載禹避於陽城

丙子 夏后氏大禹

元歲在位會諸侯於塗山

封舜子商均於虞

二歲皐陶薨薦益于天

三歲考功

五歲巡狩

八歲巡江南戮防風氏崩於會稽

世系

顓頊之孫崇伯鯀之子 索隱曰漢書顓頊五世而生鯀史記世系諸本俱云顓頊生鯀是古文缺其世系也

都邑

都安邑今山西平陽府

國號

初封爲夏伯地在陽翟今開封府屬故號夏 受舜禪在位八年崩于會稽傳十七世并羿浞篡弑歷四百五十八歲

珍倣宋版印

甲申 王啓 在位九年

二歲益避于箕山之陰

三歲大戰于甘

九歲王崩子太康踐位

禹之子

啓之子

癸巳 太康 在位十九年

元歲尸位

十九歲畋于洛表羿距于河五弟御母以從遂都陽夏

壬戌 仲康 在位十三年

元歲命胤侯掌六師

秋九月朔辰弗集於房羲和荒於酒王命胤侯征之

太康之弟

甲子 三歲羿滅伯封

伯封后夔之子夏之天官

十三歲王崩子相立

乙亥后相在位二十八年

仲康之子

時大權歸羿王爲羿所逐

居帝邱

元歲征畎夷

二歲征黃夷

七歲方夷來賓畎夷來賓

八歲寒浞殺羿而奪其妻

生澆及豷

二十八歲寒浞使其子澆

弒王於帝邱后緡方娠

逃出自竇歸于有仍氏

后有仍氏女

靡奔有鬲氏

靡臣名

壬午 少康 王相遺腹子 在位二十二年

滅澆于過

使季杼滅豷于戈

有窮由是亡

方夷來賓

二十二載封少子無余于越

王崩子季杼踐位

壬寅寒浞之子澆弒王相于帝邱后緡方娠逃出自竇歸于有仍明年癸卯生少康於有仍長依母家爲有仍牧正澆使其臣椒求之少康逃奔有虞爲虞庖正以避其害時年二十二歲矣虞思妻以二女姚而邑諸綸有田一成有衆一旅能布其德而兆其謀以收夏衆靡自有鬲收二斟之衆滅寒浞而立少康

自王相崩後至少康壬午凡三十九年經世缺而不書皇王大紀郎以少康生之年爲元歲以少康生則夏統不絕故也然生而無位亦不得謂之承統故必以少康立之年爲正統

甲辰 后杼 在位十七年

元歲

五歲征東海伐三壽

竹書紀年夏伯杼子之東征獲九尾狐

十有七歲王崩子槐踐位

少康之子

辛酉 后槐

王嗣守遺緒九夷來御

甲子 四歲

二十六歲王崩子芒踐位

杼之子

丁亥 后芒

元歲以元圭賓于河乃東狩于海

十八歲王崩子泄踐位

槐之子

乙巳 后泄

元歲命東夷命西羌

十六歲王崩子不降踐位

芒之子

辛酉 后不降

甲子 四歲

六歲伐九苑

泄之子

五十九歲王崩弟扃立

庚申后扃
甲子五歲
二十一歲王崩子廑踐位
不降之弟

辛巳后廑
元歲
二十一歲王崩不降之子
孔甲立

壬寅后孔甲
元歲
甲子二十有三歲
二十有七歲商主癸子履
生
三十一歲王崩子皐踐位

癸酉 后皐

元歲

十有一歲王崩子發踐位

甲申 后發

元歲諸侯賓于王門

十九歲王崩子癸踐位

癸卯 后癸 一名桀

元歲

甲子二十二歲公劉還于豳

三十三歲伐蒙山有施氏進妹喜

三十五歲商主癸蘗子履嗣

湯始居亳

三十六歲戊寅湯始征葛

三十七歲商湯進伊尹
四十歲伊尹復歸于亳
四十二歲囚商湯于夏臺
已而釋之
五十一歲太史令終古出
奔商
五十二歲夏亡
路史曰放桀南巢桀死
于亭山其子淳維妻其
衆妾遁于北野隨畜轉
徙號葷育逮周曰玁狁

乙未
商王成湯
十有八祀王伐桀放之于
南巢（即今巢縣）
王歸自夏誕告萬方

名履主癸之子黃帝之裔契之十三世孫也黃帝生玄囂玄囂生蟜極蟜極生高辛高辛生契契生昭明爲禹作衍曆歲紀甲寅昭明生相土相土

都西亳（今河南偃師縣）

號商亦號殷在位三十年

三月立禹後于杞及聖賢
古有功者之後
封孤竹等國
公劉爵世爲諸侯
大旱
十九祀大旱
二十祀大旱夏桀死于亭
山
二十一祀大旱賑民
二十二祀大旱
二十三祀大旱
二十四祀大旱禱桑林
三十祀王崩嫡孫太甲踐
位

生昌若昌若生曹圉曹圉生冥冥生振振生微微生報丁報丁生報乙報乙生報丙報丙生主壬主壬生主癸主癸生天乙是爲殷湯伐桀而有天下國號商傳二十八世歷六百四十四祀

戊申 太宗太甲

珍倣宋版印

元祀伊尹奉嗣王祗見厥祖

王徂桐宮居憂

二祀王在桐宮

三祀伊尹奉王歸於亳伊尹復政

甲子十有七祀

三十三祀王崩子沃丁踐位

辛巳 沃丁

元祀

八祀伊尹薨葬于亳

二十有九祀王崩立弟太庚

庚戌 太庚

元祀

甲子十有五祀

二十有五祀王崩子小甲踐位

乙亥小甲

元祀

十有七祀王崩弟雍己立

壬辰雍己

元祀

十有二祀王崩弟太戊立

甲辰中宗太戊

元祀亳有祥用伊陟臣扈巫咸大修成湯之政

三祀諸侯畢朝

甲子二十有一祀

七十有五祀王崩子仲丁
踐位

己未 仲丁
元祀
甲子 六祀遷于囂
十有三祀王崩國內亂弟
外壬立

壬申 外壬
元祀
十有五祀王崩國復亂弟
河亶甲立

丁亥 河亶甲
元祀徙居相
九祀王崩子祖乙踐位

丙申 祖乙

元祀圮於耿徙居邢巫賢

爲相

十有九祀王崩子祖辛踐

位

乙卯 祖辛

元祀

甲子十祀

十六祀王崩弟沃甲立

辛未 沃甲

元祀

二十有五祀王崩國亂祖

辛之子祖丁立

丙申 祖丁

元祀

甲子二十有九祀

三十有一祀王崩國亂沃甲之子南庚立

戊辰南庚

元祀

三十有五祀王崩國亂祖丁之子陽甲立

癸巳陽甲

元祀自沃丁以來廢適而更立諸弟子諸弟子爭立比及九世亂

七祀王崩弟盤庚立

庚子盤庚

元祀遷于殷號曰殷

甲
子二十有五祀
二十有八祀王崩弟小辛
立

戊辰
小辛
元祀
二十有一祀王崩弟小乙
立

己丑
小乙
元祀
二十有六祀甲寅豳亶父
遷于岐號曰周
二十有八祀王崩子武丁
踐位

丁巳
高宗武丁
元祀王宅憂甘盤爲相

三祀免喪得傳說爲相
甲子八祀
三十有二祀伐鬼方
五十有九祀王崩子祖庚踐位

丙辰祖庚
元祀
三祀祀高宗
七祀王崩弟祖甲立

癸亥祖甲
元祀
甲子三祀
二十有八祀庚寅周亶父之子季歷生子昌
三十有三祀王崩子廩辛

踐位

丙申 廩辛
元祀
六祀王崩弟庚丁立

壬寅 庚丁
元祀
二十有一祀王崩子武乙
踐位

癸亥 武乙
元祀
甲子 二祀遷都河北
四祀王崩子太丁踐位

丁卯 太丁
元祀

二祀周公季歷伐燕京之戎

三祀王崩子帝乙踐位

庚午帝乙

元祀周公季歷伐余無之戎克之命爲牧師

周公季歷伐始呼之戎

周公季歷伐翳徒之戎王賜之圭瓚秬鬯爲侯伯

七祀周公季歷薨子昌嗣

壬辰二十有三祀周西伯生子發

按大戴禮文王十五歲而生武王是武王少文王止十四耳據此云帝乙二十三祀西伯生子發以文王生于祖甲二十八祀計之則武王之生文王已

六十二矣二說俱難深信文王之子武王之前尚有伯邑考十五年而生武王則邑考之生當在十三四年間后妃之娶當在十二三年間而關雎之二章猶后妃未娶之詩也豈文王十二三歲時即思后妃而寤寐求之求之不得而輾轉反側耶聖人思賢未必如是之早況武王止少文王十四歲則文王百年後崩之時武王已八十五歲矣又十三年伐紂又七年而崩而成王即位甫十四歲是武王生成王已九十餘歲矣又生唐叔虞焉恐無是理若云文王六十二歲生武王雖與文王九十七而終武王三十四歲即西伯位之年相符豈文王六十二以前僅生伯邑考六十二歲以後乃生武王且生武王之同母弟八人更無此理況讀麟趾螽斯諸篇早知其子孫衆多必不至六十二歲始生武王也

三十有七祀王崩子辛踐位

丁未 紂辛

元祀

六祀西伯初禴于畢

八祀伐有蘇獲妲己

十有一祀囚西伯于羑里
十有三祀釋西伯西伯獻
洛西之地除炮烙之刑
遂賜西伯弓矢鈇鉞專
征伐
十有四祀虞芮質成于周
十有五祀西伯得呂尚
甲子十有八祀
十有九祀西伯伐崇作豐
邑徙都之
二十祀西伯昌薨子發嗣
丁卯二十有一祀周西伯發
元年
二十有七祀西伯發生元
子誦
三十有一祀西伯東觀兵

發昌之子黃帝之後都鎬
后稷之孫也黃帝生
玄囂玄囂生蟜極蟜
極生高辛高辛生稷
稷以下數世至不窋
不窋生鞠鞠生公劉
公劉遷邠生慶節公
劉爵世爲諸侯路史云公

號周傳三十七世歷
八百七十四年

三十有二祀微子去之箕子爲之奴比干諫而死商亡

劉必至商而爵爲公也慶節生皇僕皇僕生毀隃毀隃生公非辟方史記缺皇甫氏以爲公非字非公非生高圉史記缺皇甫氏以爲高圉侯牟字非高圉生亞圉受殷錫命雲都史記缺皇甫氏以爲亞圉字非漢書表以爲亞圉弟亞圉生祖紺

按呂梁碑所載后稷生台璽台璽生叔均叔均而下數世而至不窋又世本云自不窋而下至季歷已十七世史記拘于十五王文始平之語遂謂后稷之子爲不窋曾孫爲公劉前既缺代又自公非以後缺四世不書皇甫氏不得其說遂以四世爲字而祖紺又自有四名獨索隱覺其非而不明辯路史又辯而不斷十五王之說今按契稷皆高辛氏子契自夏歷商凡四十五世稷至文王千餘年僅十五世乎十五王之說自公劉數至文王爾蓋周道之興自公劉始也

歐陽修曰遷所作本紀出於大戴禮世本諸書今依其說圖而考之堯舜夏商皆出皇帝堯之崩也下傳其四世孫舜舜之崩也上傳其四世祖禹皆壽百歲稷契于高辛爲子乃同父異母之兄弟而以世次而下之湯與王季同世湯下傳十六世爲紂王季下傳一世爲文王二世爲武王豈不謬哉

按索隱五世譜系圖契十四世至湯稷二十餘世至文王蓋得其實矣

按毛公傳詩以鳦鳥降爲祠高禖之時以履帝武敏歆爲履高辛氏之行其說甚正而春秋大事表以長發生民諸詩但推稷契之母而不推其父遂謂稷契爲無父而生者夫天地之始未嘗有人化生異生之說實事理之所有者以姜嫄有娀爲商周發祥之始可也以姜嫄有娀爲無夫而生稷契則不可即如生民之首章克禋克祀以弗無子明言祈子也豈未適人之女子居然于祀高禖之期遍行郊野祈求子嗣耶觀詩之寘諸隘巷寘諸平林既知不由人道而生爲不祥豈不知未嘗適人而求子爲非禮乎詩之所以推其母而不推其父者是因稷契之生實感天地之氣後人即其事以紀其實表聖人之生實有異于人者故止及其母亦如思齊之詩表文王之德而溯及太任之意與

己卯

周武王爲西伯征商代殷有天下

十有三年一月癸巳于征伐商大會于孟津

二月癸亥陳于商郊

甲子會于牧野紂

魯	周公旦長子伯禽始封于曲阜傳三十四世歷八百七十四年
衛	康叔武王弟始封于朝歌傳四十一世歷九百五年至其君角
蔡	叔度武王弟自度遷死其子蔡仲能改父行使之蔡傳二十五
晉	唐叔虞武王子始封于唐唐叔子燮徙于晉水旁更號晉傳十
曹	叔振鐸武王弟始封于陶邱傳二十六世歷六百四十六年爲
鄭	宣王庶弟友始封于華陰鄭縣平王東遷徙封溱洧謂之新鄭
吳	先是泰伯及仲雍逃荊蠻泰伯胙吳傳弟仲雍雍卒傳季簡簡
燕	召公奭周同姓自召公以下九世至惠侯于周厲王十五年立
陳	舜之後閼父爲周武王陶正能利器用王賴之以元女下嫁其
宋	子姓公爵武王封微子啓于睢陽以奉湯祀于周爲客而不臣
齊	伯夷之後太公尚相武王定殷始封于營邱傳三十世歷六百
楚	祝融氏孫季連之苗裔曰鬻熊事文王其子熊麗生熊狂熊狂
秦	先是柏翳爲舜主畜多息賜姓嬴柏翳有二子次曰若木其元

魯 衛 蔡 晉 曹 鄭 吳 燕 陳 宋 齊 楚 秦

周襄王

反登鹿臺自燔死
封紂子武庚爲殷
侯
三月諸弟以次受
封
封康叔于殷東
四月大告武成
訪箕子
伯夷叔齊去周
十有四年王有疾
十有九年王崩子誦
踐位周公位冢宰
正百工

至頃公爲楚烈王所滅今曲阜縣

爲秦二世廢爲庶人今衞輝府

世歷六百五十年爲楚所滅今上蔡縣

一世至鄂侯爲曲沃武公所滅至靖公三十八世歷七百三十五年韓趙魏分其地今平陽縣

宋所滅今曹州府

傳二十三世歷四百五十二年至康公韓哀侯滅之今鄭州

傳叔達叔達傳周章武王克商封爲吳伯周章傳熊遂歷軻相彊鳩夷餘橋疑吾柯盧周繇屈羽夷吾禽處轉頗高句卑去齊壽夢凡十九世而吳始大周簡王十年始通中國與諸侯有鍾離之會

又三十三世至王喜歷九百一年太子丹遣荊軻刺秦王不克秦遂滅之

子滿而封諸陳使奉虞祀謚胡公生申公犀侯傳二十五世歷六百四十五年爲楚所滅今陳州府

傳三十世歷八百三十七年爲齊魏楚滅之今商邱縣

四十七年爲大夫田和所篡今臨淄縣

生熊繹當周成王舉文武勤勞之後嗣封熊繹于楚蠻封以子男之田姓芊氏居丹陽今湖北荊州府傳一十八世至聲公爲戰國

孫費昌當夏桀之時歸商爲湯御長子曰大廉其元孫孟昌爲中宗太戊御皆有令德故嬴姓多顯至紂有惡來革非廉子也生女防女防生旁皐旁皐生大凡太凡生大駱大駱生非子以造父之寵皆蒙趙城

丙戌 成王 在位三十七年

元年

周公相踐阼而治

夏六月葬武王于畢

王冠

命周公子伯禽代

命周公子伯禽

魯 衛 蔡 晉 曹 鄭 吳 燕 陳 宋 齊 楚 秦

嬴氏非子善養馬周孝王使主馬于汧渭之間馬大蕃息孝王封爲附庸而邑之秦今咸陽縣傳三十三世至簡公爲戰國

就封于魯

二年

周公居東

三年

秋王迎周公于東出郊

武庚叛作大誥

東征殺武庚

四年

周公作立政

王東伐淮夷遂踐奄遷奄君于蒲姑

五年

五月至于宗周誥

就封于魯在位五十三年

四國多方
蒐于岐陽
六年
制禮作樂
七年
二月王朝步自周至于豐命太保先周公相宅
八年
周公分正東都
命蔡仲邦之蔡
九年
封弟叔虞于唐
十有一年

魯	衛	蔡	晉	曹	鄭	吳	燕	陳	宋	齊	楚	秦
		命蔡仲邦之蔡										
			封弟叔虞于唐									

周公在豐作無逸

周公薨于豐葬于畢

三十有七年

命君陳分正東郊成周

四月甲子顧命

乙丑王崩癸酉元子釗受命朝諸侯於應門之內

癸亥康王　在位二十六年

元年

康伯○索隱曰康叔子卽王孫牟父也

甲子十有二年

微子舍其孫腯而立其弟衍是爲微仲

丁公伋○太公子

繹子熊艾

惡來子女防

珍倣宋版印

		十有六年	十有七年	二十年	二十一年
	王朝步自周至于豐命畢公保釐東郊				魯侯卽煬公築茅闕門
魯		魯公禽父甍子酉嗣是爲考公在位四年	魯考公初年	魯考公甍弟熙立是爲煬公在位六年	煬公初年
衛					
蔡					
晉					
曹					
鄭					
吳					
燕					
陳					
宋					
齊					
楚					
秦					

二十有六年 王崩子瑕踐位	己丑 昭王在位五十一年	元年	二年 子滿生	十有四年
煬公薨子宰嗣是爲幽公在位十四年		幽公初年		魯侯弟濆弑其君幽公而自立是爲魏公在位五十年
康伯卒子考伯立				
蔡仲卒蔡伯荒立○蔡仲子				
	太伯○名脾振鐸子			
	微仲卒子宋公稽立			
	乙公得○丁公子			
	艾子熊䵣			
	女防子旁皐			

珍倣宋版印

二十有二年

庚戌釋氏生

甲子　三十有六年

王崩于漢子滿踐位

庚辰　穆王在位五十五年

三年

命君牙爲大司徒

伯冏爲太僕正

十有三年

王西征

十有七年

	二十有二年	甲子	庚辰	三年	十有三年	十有七年
魯						
衛		考伯卒子嗣伯立				
蔡						
晉						
曹			仲君平○太伯子			
鄭						
吳						
燕						
陳						
宋			宋公卒子丁公申立			
齊			齊癸公慈母○乙公子			
楚			䵣子熊勝			
秦			旁皋子太几			

王西征征徐戎

三十有五年

征犬戎

甲子 四十有五年

五十年

作呂刑

五十有五年

王崩于祇宮子繄

扈踐位

乙亥 共王在位十一年

三年

十有二年

蔡伯卒蔡宮侯立○蔡伯子

熊勝以弟煬爲後

太几子大駱大駱子非子

珍倣宋版印

王崩子囏踐位

丁亥 懿王 在位二十五年

元年

徙都槐里 自鎬徙也

二十有五年

王崩共王之弟辟方立

壬子 孝王 在位十五年

魯					
衛	嗣伯卒子疌伯立			疌伯卒子靖伯立	
蔡					
晉					
曹		宮伯侯○仲君子			
鄭					
吳					
燕					
陳					
宋		丁公卒子湣公共立			湣公卒弟煬公熙立
齊	癸公慈母卒子哀公不辰立				
楚					煬生熊渠
秦					封秦非子爲附庸邑之秦按非子善畜馬周孝王使主馬

周　懿王　孝王　夷王

甲子　十有三年

十有五年

王崩諸侯復立懿王太子燮

丁卯　夷王在位十八年

元年

于汧渭之間馬大蕃息故封之使續嬴氏祀號曰秦嬴

靖伯卒子貞伯立

官侯卒厲侯立○宮侯子

孝伯雲○宮伯子

湣公子鮒祀弑煬公而自立是爲厲公

哀公時紀公譖之周周烹公而立其弟靜是爲胡公徙都薄姑

珍倣宋版印

八年

始下堂而見諸侯

十有六年

王崩子胡踐位

癸未厲王 在位三十七年合共和十四年共五十一年

元年

魯 衛 蔡 晉 曹 鄭 吳 燕 陳 宋 齊 楚 秦

楚：熊渠伐庸楊粵至于鄂○按楚僭王之始

楚：熊渠畏王去其王號熊渠生三子長世康早死次摯紅三延熊渠卒摯紅立其

十有二年

周厲王

貞伯懿子嗣爲頃侯在位十二年○按世家世夷作之王史世自記侯頃有始以年表年之考係當年此古○曰史叔康衛稱蓋侯侯以方爲故伯六其皆世伯稱頃至不侯爲復伯方但故以

第延弑而代立

		十有四年	十有五年	十有九年	二十年	二十有一年
魯						
衛	爵稱				厲侯薨子宜白嗣是爲靖侯在位十八年	
蔡			厲侯薨子嗣爲武侯			
晉						
曹		孝伯薨子喜嗣爲夷伯在位三十年				
鄭						
吳						
燕			惠侯立			
陳						
宋					厲公薨子舉嗣是爲釐公在位二十八年	
齊				公子山弒胡公而自立是爲獻公在位九年○山哀公同母弟	徙治臨淄	
楚						
秦						秦嬴卒子秦侯

二十有四年

二十有八年

三十年 以榮夷公爲卿用事

諸侯不享

三十有一年

	二十有四年	二十有八年	三十年	三十有一年
	魏公卒厲公立厲公卒獻公立			
	頃公薨子嗣爲僖侯在位四十二年			
	慎公薨子寧嗣爲幽公在位二十三年			
		獻公薨子書嗣爲武公在位二十六年		
				熊延卒熊勇嗣在位十年
嗣在位十八年				秦侯卒子公伯嗣在位三年

珍倣宋版印

三十有三年
殺言者國人莫敢言道路以目

三十有四年

三十有六年
西戎反滅太邱大駱之族

三十有七年
國人叛襲王王出居于彘太子靖匿召公之家召公以己子代之太子得脫

魯	衛	蔡	晉	曹	鄭	吳	燕	陳	宋	齊	楚	秦
												秦伯子嗣位十年公辛仲在二三

庚申三十有八年

共和行政召公周公二相行政

號曰共和

共和在春秋前一百一十九年

四十有一年

甲子四十有二年

王在彘

四十有四年

獻公卒真公立			
	武侯卒子嗣為夷侯在位二十八年		
靖侯薨子司徒立為僖侯在位十八年			
			夷伯薨弟彊立是為幽伯在位九年
			幽公薨子孝嗣為僖侯在位三十五年
	熊勇卒弟熊嚴立在位十年		

四十有八年

五十有一年 王死于彘周召二伯立太子靖

甲戌 宣王在位四十六年

元年 以秦仲爲大夫討西戎 以尹吉甫爲將討玁狁

二年 以方叔爲將征荆

	四十有八年	五十有一年	宣王元年	二年
魯				真公薨弟
衛				
蔡				
晉				
曹				公子蘇弒
鄭				
吳				
燕			惠侯薨子莊嗣爲僖侯在位三十六年	
陳				
宋	釐公薨子覸嗣爲惠公在位三十年			
齊				
楚		熊嚴卒子熊霜嗣在位六年		
秦			秦仲爲大夫	

釁

命召虎征淮夷

王伐淮徐

三年

敖立爲武公在位十年

其君幽伯而自立是爲戴伯在位三十年

五年

武公薨子無忌嗣爲厲公在位九年

僖侯薨子籍嗣爲獻侯在位十一年

六年

大旱本紀連年書旱

秦仲伐西戎死之

王命其子莊伐戎

破之

熊霜卒子熊徇嗣在位二十二年

秦仲卒子莊公嗣在位四十四年

珍倣宋版印

	十有二年 魯侯來朝以其子括與戲見王王以戲爲魯太子 王不籍千畝	十有五年	十有六年
魯	武公薨子戲嗣是爲懿公在位九年		
衛		釐侯薨太子共伯蚤卒少子和嗣是爲武公在位五十五年	
蔡			
晉			獻侯薨子費生嗣是爲繆侯徙
曹			
鄭			
吳			
燕			
陳			
宋			
齊	胡公子弑厲公齊人誅之而立厲公之子赤爲文公誅弑君者七十人〇在位十二年		
楚			
秦			

十有八年

二十有一年

二十有二年

王后姜氏諫王

封弟友于鄭

鄭本西周畿內采邑其後東徙國于鄶虢之間

都于絳在位二十七年

夷侯薨子所事嗣是爲僖侯在位四十八年

懿公兄括之子伯御弒其君懿公而自立在位十一年

宣王母弟友初封于鄭爲桓公在位三十六年

	為鄭又其遺民南保漢中者為南鄭	二十有三年	二十有四年	二十有六年	二十有七年	二十有八年	三十有二年
魯							伯御被誅懿公
衛							
蔡							
晉		繆侯伐條生太子仇		晉師戰于千畝生子成師			
曹							戴伯薨子兕嗣
鄭							
吳							
燕							
陳							僖公薨子靈嗣
宋					惠公薨子嗣為哀公在位一年	哀公薨子嗣為戴公在位三十四年	
齊			文公薨子說嗣為成公在位九年				
楚						熊徇卒子熊咢嗣在位九年	
秦							

春王伐魯誅伯御
立懿公之弟稱

三十有三年

三十有七年

三十有九年
伐羌戎王師敗績
于千畝

四十年
料民于太原

	三十有三年	三十有七年	三十有九年	四十年
弟稱立爲孝公在位二十七年				
爲惠伯在位三十六年				
		僖侯薨子頃公立在位二十四年		
爲武公在位十五年				
	成公薨子贖嗣爲莊公在位六十四年			
		熊咢卒子熊儀立是爲若敖在位二十七年		

珍倣宋版印

料衛民之多寡將用之也

四十有三年　殺杜伯殺無辜也

四十有六年　王崩太子涅踐位

庚申　幽王在位十一年　元年

三年　始嬖褒姒涇渭洛

	四十有三年	四十有六年	元年	三年
魯				
衛				
蔡				
晉		繆公薨弟殤叔自立太子仇出奔在位四年	太子仇襲殺殤叔而自立是為文公在位三十五年	
曹				
鄭				
吳				
燕				
陳			武公薨子說嗣為夷公在位三年	
宋				
齊				
楚				
秦				

竭岐山崩史記係二年

四年

甲子 五年

廢申后及太子宜臼以褒姒爲后伯服爲太子

八年

以鄭伯友爲司徒

莊公卒子襄公嗣在位十二年

夷公薨弟燮立爲平公在位二十三年

桓公爲司徒桓公友與幽王死犬戎子掘突立爲武公在位二十七年

珍倣宋版印

十有一年

申侯與犬戎入寇戎弑王于驪山之下鄭伯友死之晉衛秦與鄭子掘突平戎共立故太子宜臼

辛未

平王在位五十一年

宜臼幽王子以豐鎬逼近戎狄東遷都洛王室衰政由方伯在位五十一年

王東遷洛邑

始命秦列爲諸侯

魯 衞 蔡 晉 曹 鄭 吳 燕 陳 宋 齊 楚 秦

始列爲諸侯

取岐豐之地

命衛侯和爲公

錫命晉侯（書文侯之命）

鄭伯東取鄶虢十

邑國之

二年

四年

五年

孝公甍子弗湼嗣是爲惠公在位十年

頃公甍子哀侯嗣在位二年

戴公甍子司空嗣爲武公在位十八年○按詩序云自微

初立西時祠白帝僭端見矣

襄公伐戎至岐甍子文公嗣在位五十年

		六年	七年	九年
魯				
衛				
蔡				僖侯薨子興嗣爲共侯在位二年
晉				
曹				
鄭				
吳				
燕		哀侯薨子鄭侯嗣在位三十六年		
陳				
宋	子至戴公其間禮樂廢壞有正考甫者得商頌十二篇于周太師以那爲首篇			
齊				
楚			若敖卒子熊坎嗣是爲霄敖在位六年	
秦				東徙汧渭之會

十有一年

共侯薨子戴侯嗣在位十年

惠伯薨子石甫嗣其弟武弑之自立爲穆公在位三年

十有三年

武公薨子揚嗣爲莊公在位二十三年

霄敖卒子熊眴立是爲蚡冒在位十七年

十有四年

莊公娶于齊曰莊姜美而無子戴嬀生桓公以爲己子公子州吁嬖人之子也

穆公薨子終生嗣爲桓公在位五十五年

生莊公寤生

十有五年

作鄜時

	十有六年	十有七年	十有八年	二十有一年	二十有三年	二十有五年
				秦伯大敗戎師收岐西之地自岐以東歸于王		
魯						
衛						
蔡				戴侯薨子考父嗣爲宣侯在位三十五年		
晉						文侯薨子伯嗣
曹						
鄭		生太叔段				
吳						
燕						
陳	平公薨子圉嗣爲文公在位十年	生桓公鮑厲公他				
宋					武公薨子力嗣爲宣公在位十九年	
齊						
楚						
秦			初有史以紀事	收岐西之地自岐以東歸于王		

周平王		二十有六年	二十有七年	二十有八年	三十年
					公子州吁阻兵
	為昭侯在位七年	昭侯初年封其叔父成師于曲沃○按曲沃大于國晉人亂自曲沃始矣			
			武公薨子寤生嗣為莊公在位四十三年	祭仲諫鄭伯封其弟段于京	
		文公薨子鮑嗣為桓公在位三十八年	桓公初年		
					蚡冒卒弟熊通

珍倣宋版印

		三十有二年	三十有六年	三十有八年
魯				
衛			莊公孽子完立是爲桓公在位十六年	桓公二年弟州
蔡				
晉		大臣潘父弒昭侯納成師不克昭侯子平立爲孝侯在位十五年		
曹				
鄭				
吳				
燕				
陳				
宋				
齊				
楚	弒蚡冒子而自立爲武王在位五十一年			
秦				

	四十年	四十有二年	四十有四年	四十有七年
吁驕奢桓絀之州吁出奔				
	曲沃成師卒子鱓代為曲沃莊伯			曲沃鱓弑孝侯晉人立孝侯子郄爲
			叔段命西鄙北鄙貳于己	
		鄭侯甍子穆侯嗣在位十八年		
		宣公甍舍其子與夷而立弟和為穆公在位九年		
	莊公甍子祿甫嗣為僖公在位三十三年	僖公同母弟夷仲生公孫無知也		

珍倣宋版印

四十有八年

己未

四十有九年

秋七月天王使宰咺錫魯惠公仲子之賵

按書終文侯之命平王之初也春秋始于仲子之賵平王之末也盛衰升降之

	四十有八年	四十有九年
魯	初請郊廟之禮○惠公薨國人立其子息姑是爲隱公在位十一年	隱公初年春秋始此
衛		
蔡		
晉	鄂侯在位六年 鄂侯初年曲沃強于晉	
曹		
鄭		鄭伯克段于鄢置母城潁于明年見母于大隧
吳		
燕		
陳		
宋		
齊		
楚		
秦		

會也

庚申 五十年

辛酉 五十有一年

王崩孫林踐位

鄭祭足帥師入寇

武氏求賻于魯 賵歸死者賻歸生者車馬曰賵貨財曰賻

王者之世朝覲聘問自有常期體統相承尊卑不紊大一統之世也東遷而後王綱不振諸侯放恣於是列邦不修朝覲之禮

祭足帥師寇周取禾

穆公薨立宣公之子與夷是為殤公在位九年○按此穆公屬之也而禍已胎矣

齊侯鄭伯盟于石門天下之無王鄭為之也天下之無伯齊為之也齊鄭舍盟而天下始多故矣

而天子且下聘矣歸賵矣錫命矣終春秋之世魯之朝王者二如京師者一而如齊至十有一如晉至二十甚者旅見而朝于楚焉天王來聘者七而魯大夫之聘周者惟四其聘齊至十有八聘晉至二十四而其受列國之朝則從未嘗

魯	
衞	
蔡	
晉	
曹	
鄭	
吳	
燕	
陳	
宋	
齊	
楚	
秦	

報聘焉觀魯以知天下而王室之微諸侯之不臣概可見矣

壬戌 桓王在位二十三年

元年

癸亥 二年

晉曲沃以鄭邢之師伐翼王使尹氏武氏助伐翼翼侯奔隨

州吁弒桓公自立衛人殺州吁立公子晉是爲宣公在位十九年

殤公與夷初年

隱公觀魚于棠

初獻六羽○明前此用八

曲沃攻鄂侯于翼鄂侯奔隨立鄂侯子光于翼

珍倣宋版印

曲沃叛王命虢公伐曲沃立鄂侯子光于翼

甲子 三年

京師饑

鄭伯入朝

乙丑 四年

王使凡伯聘于魯戎伐凡伯于楚丘以歸 書楚丘罪衛不救王臣之患也書以歸罪凡伯不能死於位也

丙寅 五年

王使虢公忌父爲

	（前年）	甲子	乙丑	丙寅
魯	之僭也			
衛				
蔡				宣侯卒子
晉	爲哀侯在位九年	翼侯自隨入于鄂	曲沃莊伯卒子稱嗣爲武公	
曹				
鄭		鄭伯入朝王不禮		
吳				
燕				
陳				
宋				
齊				
楚				
秦			文公卒孫嗣爲寧公○竫公子也在位十二年	寧公初年

卿士

鄭伯爭政之由桓王伐鄭之故

丁卯 六年

王使南季聘于魯

隱公即位九年史策不書一朝聘王反聘之其斯以為不正乎

戊辰 七年

己巳 八年

王取鄔劉蔿邘之田于鄭與鄭人溫原絺樊隰郕欑茅向盟陘懷之田

封人嗣是為桓侯在位二十年

魯侯敗宋師于菅取郜取防

公子軌弒隱公而自立是為桓公在位十八年

自汧渭徙平陽

珍倣宋版印

	庚午 九年	辛未 十年	壬申 十有一年	癸酉 十有二年
周				王使宰渠伯糾聘于魯
魯	桓公初年		公子翬迎女于齊齊侯送姜氏于讙君子譏之	
衛				
蔡				
晉			曲沃虜哀侯立其子小子爲侯是爲小子侯在位四年	曲沃稱弒哀侯于曲沃
曹				
鄭				
吳				
燕	穆侯卒子宣侯嗣在位十三年			
陳				
宋		宋督弒其君殤公立公子馮○馮宣公子也在位十九年		
齊				
楚				
秦				

甲戌 十有三年

王使仍叔之子聘于魯

桓公即位九年未聞有一夫至京師者而周又聘之禮樂不出于天子政令不行于天下王室自取爾

王伐鄭蔡衛陳從

王伐鄭

乙亥 十有四年

楚侵隨俾請爵于王王不許

王伐鄭鄭伯禦之戰于繻葛傷王

桓公卒文公子他殺世子免而自立

蔡人殺陳他而立免之弟躍是爲厲公在位七年○按躍

楚子熊通侵隨俾請爵于王王不許

珍倣宋版印

	丙子 十有五年	丁丑 十有六年	戊寅 十有七年	己卯 十有八年
		王使家父聘于魯 王命虢仲伐曲沃 立哀侯之弟緡于晉	祭公如魯逆王后于紀 紀季姜歸于京師	虢詹父以王師伐
魯				
衛				
蔡				
晉		曲沃稱誘弑其君小子侯〇王命虢仲伐曲沃立哀侯之弟緡于晉	晉侯緡初年	
曹				桓公卒子射姑
鄭				
吳				
燕				
陳	蔡出也故立之生敬仲完			
宋				
齊				
楚		僭稱王		
秦		寧公卒三父廢世子而立出子在位六年		

虢公出奔虞 詹父虢大夫而命于天子者	庚辰 十有九年	辛巳 二十年	壬午 二十有一年
	宣公殺其二子伋壽	宣公卒子朔立是爲惠公在位三十一年	惠公朔初年
嗣是爲莊公在位三十一年			
	莊公卒世子忽嗣是爲昭公在位二年○祭仲立之也○宋人執祭仲突歸于鄭鄭忽出奔衛	厲公突初年	
		厲公卒弟林立是爲莊公在位七年	
		僖公令無知秩服如太子	

珍倣宋版印

	癸未	甲申	乙酉	丙戌
	二十有二年	二十有三年 王使家父如魯求車 王崩子陀踐位	莊王在位十五年 元年 子頹生	二年
魯		天王求車非禮		
衛			衛人怨惠公立伋之弟黔牟衛侯朔出奔齊	
蔡				桓侯卒弟獻舞立是爲哀侯在
晉				
曹				
鄭		厲公突出奔蔡昭公忽復歸鄭厲公出居櫟	宋魯衛陳蔡伐鄭○伐其納突也	高渠彌弒其君昭公立其弟子
吳				
燕	宣侯卒子桓侯嗣在位七年			
陳				
宋				
齊	僖公卒子諸兒嗣是爲襄公在位十二年	襄公初年貶無知秩服無知怨		
楚				
秦	三父殺出子復立故世子爲武公在位二十年			夷三父族○以其殺出子也

丁亥 三年

王子克奔燕

周公黑肩欲弑莊王而立子克辛伯告王遂與王殺周公子克奔燕

戊子 四年

使單伯送王姬魯築王姬之館于外

王使榮叔錫魯桓公命王姬歸于齊

位十一年○蔡季自陳歸于蔡

亹在位一年

魯侯與夫人姜氏如齊齊侯殺桓公立其子同爲莊公在位三十二年

齊殺子亹及高渠彌祭仲立子亹之弟子儀在位十四年

莊公初年

莊公卒弟杵臼立是爲宣公在位四十五年

遷紀郱鄑郚○郱鄑郚紀三邑也

	己丑 五年	庚寅 六年	辛卯 七年	壬辰 八年
周		五月葬桓王 改葬也	王召隨侯責其尊楚 紀侯大去其國 避齊難也	
魯			公及齊人狩于禚○刺莊公之忘讎也	與齊伐衛納惠公
衛				齊伐衛納惠公朔入衛黔
蔡				
晉				
曹				
鄭				
吳				
燕		桓侯卒子嗣爲莊公在位三十三年		
陳				
宋	莊公卒子捷嗣是爲閔公在位十年○史記作緡			
齊	王姬卒			
楚			楚武伐隨卒于師其子熊貲嗣爲文王在位十五年○始都郢	
秦				

癸巳九年　王使子突救衞衞侯朔入于衞黔牟來奔

甲午十年

乙未十有一年　秦滅小虢西虢也

丙申十有二年

周莊王

牟奔周

無知弒襄公自立小白奔莒子糾奔魯

齊人殺無知魯伐齊納糾小白先入是爲桓公在位

滅小虢

丁酉 十有三年

魯	
衛	
蔡	息夫人過蔡蔡弗賓息求援于楚楚敗蔡于華獲蔡侯以歸
晉	
曹	
鄭	
吳	
燕	
陳	
宋	
齊	四十三年○葬襄公
	齊人取子糾于魯殺之取其傅管夷吾以歸爲相○陳氏曰春秋之初罪莫大于鄭莊宋魯齊衛次之而父子兄弟之禍亦莫甚于此五國者莊公卒高渠彌殺世子忽齊人殺子亹傅
楚	
秦	

戊戌十有四年

王姬歸于齊

瑕殺子儀國亂者二十年魯隱公弑宋殤閔相繼弑衛桓公弑宣公弑伋壽而立朔國人出朔而立黔牟齊襄公弑雍廩殺公孫無知小白殺子糾是可爲不臣者之戒矣

一珍倣宋版印

己亥　十有五年

王崩太子胡齊踐位

宋：宋萬弒閔公立公子御說是爲桓公在位三十一年

庚子　僖王在位五年　元年

齊侯宋人陳人蔡人邾人會于北杏春秋之世以諸侯而主天下會盟之故自北杏始〇隱桓之世諸侯互結黨以相軋齊桓爲北杏之會而天下

魯　衛　蔡　晉　曹　鄭　吳　燕　陳　宋　齊　楚　秦

齊：齊侯會諸侯于北杏

楚：蔡侯爲莘故繩息嬀以語楚子楚子滅息以息嬀歸生杜敖及成王楚子以蔡侯滅息遂伐蔡虜哀侯

之諸侯始統于一歷一百五十六年晉伯衰鄭陵始復爲參盟而諸侯之權復散七國之分擾秦雄之幷吞實兆于此夫子作春秋以尊王而其于魯論則深予管仲之伯蓋悲王道之不行而以爲惟伯猶足以維之也至伯絶而春秋不得不夷而爲戰國矣

珍倣宋版印

辛丑 二年 齊侯使來請師王命單伯會伐宋宋背北杏之盟諸侯伐宋但齊必請師于周而後專伐爾時王室猶威重也

壬寅 三年

癸卯 四年

	二年	三年	四年
魯			
衛			
蔡			
晉		曲沃伯稱滅晉弒其君緡盡以寶獻王王命武公爲晉君列于諸侯在位三十九年	
曹			
鄭	鄭人弒其君子儀厲公自櫟入鄭		
吳			
燕			
陳			
宋			
齊	齊侯請王師伐宋	齊始伯會諸侯于鄄	
楚			
秦			

王使虢公命曲沃伯以一軍爲晉侯

甲辰 五年

王崩太子閬踐位

乙巳 惠王在位二十五年

元年

曲沃更號曰晉武公始都晉國○按桓叔初封曲沃至武公滅晉凡六十七歲而卒代晉爲諸侯

武公卒子詭諸嗣是爲獻公在位二十六年

楚文卒子囏嗣是爲堵敖在位三年

武公卒弟德公立在位二年

德公初年○徙居雍祠鄜時初作伏祠磔狗邑四門

虢公晉侯來朝

虢公晉侯鄭伯使原伯逆王后于陳

丙午二年

王子頹作亂伐王不克頹出奔溫蘇子奉子頹奔衞衞人燕人入寇立子頹

丁未三年

鄭伯執燕仲父王處于櫟為伐周故也

仲父南燕伯也

戊申四年

虢公鄭伯奉王復

魯　衞　蔡　晉　曹　鄭　吳　燕　陳　宋　齊　楚　秦

	哀侯卒子繆侯嗣位在二十九年 楚肹為侯于		
獻公初年			
			厲公卒子
堵敖初年			
僖公卒宣公立在位十二年			

歸于王城殺子頹王與鄭伯虎牢以東王巡虢守冬歸自虢

己酉 五年

庚戌 六年 祭叔聘于魯王賜楚子胙

辛亥 七年

（四年）	己酉 五年	庚戌 六年	辛亥 七年
			魯侯逆姜氏于齊以
	伐驪戎獲姬以歸		
		莊公卒子羈嗣是爲僖公在位九年	戎侵曹曹僖公奔陳
捷嗣爲文公在位四十五年			
	陳人殺其公子御寇公子完奔齊○田常始此也		
	熊惲弒堵敖而自立是爲成王在位四十六年（惲作谿 堵時）	使人入獻王賜胙	

		壬子 八年	癸丑 九年	甲寅 十年 晉伐虢 王使召伯廖賜齊侯命 以其立子頹也	乙卯 十有一年
魯	入使宗婦覿用幣				
衛		惠公卒子赤嗣是爲懿公在位三年			
蔡					
晉		晉侯殺羣公子○桓莊之支子無遺矣	始都絳	伐虢	晉侯驪姬子奚齊生使太子申生居曲沃重耳
曹	赤歸于曹				邾子瑣卒子蘧蒢立是爲文公在位五十二年
鄭					
吳					
燕					
陳					
宋					
齊					
楚					
秦					

周惠王

丙辰十有二年

丁巳十有三年

樊皮叛王王命虢公討樊皮執樊仲皮歸于京師

戊午十有四年

己未十有五年

居蒲夷吾居屈

宣公卒弟成公立在位四年

魯人殺公子牙而立叔孫氏莊公卒子般嗣慶父弒之如齊季友奔陳啓立是爲閔公在位二年○

僖公卒子班嗣是爲昭公在位九年

珍倣宋版印

魯	按魯桓弒隱公以立卒爲文姜謀殺于齊其子莊公又婚于齊哀姜卒與叔牙慶父亂殺子般弒閔公叔牙慶父皆不良死禍猶未已而叔孫孟孫季孫三家自是立其後魯自是分而桓公子孫卒不自相
衛	
蔡	
晉	
曹	
鄭	
吳	
燕	
陳	
宋	
齊	
楚	
秦	

容也不弟不忠不孝之報其禍如此閔公哀姜之娣叔姜之子也

庚申 十有六年

季友歸魯

晉侯作二軍滅耿霍魏爲太子申生城曲沃封趙夙干耿畢萬于魏

辛酉 十有七年

慶父弒其君閔公季友立公子申爲僖公殺慶父立仲孫

狄伐衞懿公好鶴士不戰滅國國怨惠公滅其後復立次

成公卒衆任好立是爲穆公在位三十九年

珍倣宋版印

		壬戌 十有八年	癸亥 十有九年	甲子 二十年	乙丑 二十有一年
魯	氏○申閔公庶兄也	僖公初年賜季友汶陽之田及費是爲季孫氏			
衛	子仍之母弟昭伯之子申爲戴公廬于曹卒齊人立其弟燬爲文公在位二十五年		諸侯城楚邱以封衛		
蔡					
晉			荀息假道于虞以伐虢滅下陽		
曹					
鄭					
吳					
燕			莊公卒子襄公嗣在位四十年		
陳					
宋					
齊		救邢次于聶北　救鄭會于檉			齊侯以諸侯之師侵
楚					屈完來盟于師盟于
秦					

丙寅 二十有二年

王世子會齊侯宋公魯侯陳侯衛侯鄭伯許男曹伯于首止諸侯盟于首止鄭伯逃歸不盟

丁卯 二十有三年

惠王以惠后故將廢太子鄭而立王子帶故齊桓帥諸侯會王太子以定其位

戊辰 二十有四年

蔡蔡潰遂伐楚

召陵

晉侯殺其世子申生伐蒲公子重耳奔狄復伐虢遂滅虞執虞公

虞大夫百里奚奔秦秦始得志于諸侯

伐屈公子夷吾奔梁

昭公卒子襄嗣是爲共公在位三十五年

聚珍倣宋版印

	己巳	庚午	辛未
周	二十有五年 王崩王人齊侯宋公魯侯衞侯許男曹伯陳世子款盟于洮鄭伯乞盟太子鄭踐位 襄王惡太叔之難懼不立不發喪而告難于齊盟于洮謀王室也	襄王在位三十三年 元年 王使宰周公賜齊侯胙宰周公會諸侯于葵邱	二年
魯			魯侯如齊魯侯
衞			
蔡			
晉		獻公卒奚齊立里克殺之立其弟卓里克又殺之	夏周公忌父王
曹			
鄭			
吳			
燕			
陳			
宋		桓公卒子茲父嗣是爲襄公在位十四年	
齊		夏會諸侯于葵邱宰孔使天子賜胙命無拜	魯侯來齊
楚			
秦			

周公忌父王子黨會秦師及齊隰朋立晉公子夷吾爲晉侯

朝齊之始

壬申 三年

王使召武公內史過錫晉侯命

王子帶以戎入寇秦晉伐戎戎去

癸酉 四年

王以戎難故討王子帶子帶奔齊

齊侯使管夷吾入聘

子黨會秦及齊隰朋立夷吾爲晉侯是爲惠公在位十四年

誅里克倍秦約

晉侯平戎

鄭公妾夢天與之蘭生穆公名蘭

宣公子辛款嗣爲穆公是在位十六年

甲戌　五年　齊侯使仲孫湫來致諸侯之戍　為戎難故諸侯戍周齊仲孫湫致之

乙亥　六年

丙子　七年　王命秦伯釋晉侯

丁丑　八年　隕石于宋五六鷁

	五年	六年	七年	八年
魯				
衛				
蔡		穆侯卒子甲午嗣是為莊侯在位三十四年		
晉	饑請粟于秦秦與之		晉侯夷吾自秦歸于晉以太子圉質于秦	
曹				
鄭				
吳				
燕				
陳				
宋				隕石于宋五六
齊		大夫管仲卒○隰朋亦于是年卒		
楚				
秦		饑請粟于晉晉倍之	虜晉惠公王命釋之惠公歸以太子圉質于秦	

退飛過宋都

王以戎寇告齊齊侯徵諸侯之師入戎

鷁退飛過宋都

戊寅 九年

桓公卒五子爭立易牙立無虧世子昭出

己卯 十年

邢人狄人伐衛

宋襄公伐齊齊人殺無虧立孝公昭而還在位十年

庚辰 十有一年

衛人伐邢

辛巳 十有二年

	壬午 十有三年	癸未 十有四年	甲申 十有五年	乙酉 十有六年
周		秦晉遷陸渾之戎于伊川 伊川王畿也秦晉遷戎偪周甚矣 王召叔帶于齊	王以狄女隗氏爲后	王錫晉侯命 王叔帶與隗氏通 王廢后叔帶以狄攻王王出居鄭處
魯				
衞	狄侵衞		重耳從齊過無禮	
蔡				
晉	太子圉自秦逃歸		惠公卒子圉嗣是爲懷公	公子重耳入立晉人殺懷公魏武爲魏大夫趙衰爲原
曹			重耳過無禮僖負羈私善	
鄭			重耳過無禮叔詹諫	
吳				
燕				
陳				
宋			襄公卒子正臣嗣是爲成公在位十七年	
齊				
楚			重耳過厚禮之	
秦			迎重耳于楚淳禮之妻之以女重耳願歸	

于汜帶以隗氏居于温狄人奉叔帶爲王居温王使告難于諸侯晉侯帥諸侯圍温殺叔帶納王歸國

丙戌 十有七年 晉侯入朝王賜陽樊温原攢茅之田

丁亥 十有八年

戊子 十有九年

己丑 二十年 晉侯作王宮于踐

	十有七年	十有八年	十有九年	二十年
				公如踐土會朝
	文公卒子鄭嗣是爲成公在位三十五年			聞楚敗成公出
				會晉伐楚朝王
大夫舅犯曰求霸莫如內王	晉侯圍温取叔帶殺之逆王入王城晉侯入朝			晉侯侵曹伐衛
				晉伐曹執公復
				會晉伐楚朝王
				會晉伐楚朝王
				會晉伐楚朝王
			孝公卒弟潘父殺世子而自立	會晉伐楚朝王
				晉敗子玉于城
				會晉伐楚朝王

珍倣宋版印

土獻楚俘于王王命尹氏王子虎叔與父策命晉侯爲侯伯
晉侯以諸侯之師會于温天王狩于河陽諸侯朝于王所

庚寅二十有一年
王子虎魯侯晉人宋人齊人陳人蔡

魯	王
衛	奔楚使元咺奉弟叔武居守衛侯歸殺叔武元咺奔訴于晉晉復執衛公與元咺訟不勝元咺反衛立公子瑕巳而衛侯賂周得釋衛殺元咺及公子瑕衛侯歸鄭
蔡	
晉	執曹伯取五鹿諸侯敗楚于城濮而朝河陽周命賜公土地
曹	歸之
鄭	
吳	
燕	
陳	穆公卒子朔嗣是爲共公在位十八年
宋	
齊	
楚	濮
秦	

人秦人盟于翟泉尋踐土之盟且謀伐鄭也禮卿不會諸侯今以大夫盟王子文公之志荒矣大夫之交政于是始文公爲之也

按杜氏翟泉在洛陽城內洛陽去今河南王城二十五里耳諸大夫于此不入聘王室而魯侯于此會盟不朝天子是誠何爲者

辛卯二十有二年

王使宰周公聘于魯魯公子遂入聘

珍倣宋版印

遂如晉

宰周公來則已重矣公子入聘遂如晉是夷周于晉也

壬辰 二十有三年

癸巳 二十有四年

		壬辰	癸巳
魯			
衛		狄圍衛衛遷于帝丘	
蔡			
晉		晉侯作五軍〇初王命曲沃伯以一軍爲晉侯獻公作二軍文公作三軍至是作五軍	文公卒子驩嗣是爲襄公在位七年
曹			
鄭			文公卒子蘭嗣是爲穆公在位二十
吳			
燕			
陳			
宋			
齊			
楚			
秦			將襲鄭蹇叔曰不可

甲午 二十有五年

乙未 二十有六年 王使叔服如魯會葬使毛伯錫魯侯命 晉侯來朝于溫遂伐衛 魯侯使叔孫得臣來拜

丙申 二十有七年

僖公卒子興嗣是爲文公在位十八年

文公初年

二年

成王初立商臣爲太子既而欲立次子職而黜商臣商臣聞之圍而弑之自立爲穆王○弑父之始

襄鄭晉敗我于殽

丁酉 二十有八年
王叔文公卒子虎也

戊戌 二十有九年
王賜秦伯金鼓

己亥 三十年
王使榮叔歸魯成風之含且賵使召伯會葬

庚子 三十有一年

	丁酉	戊戌	己亥	庚子
魯				取須句絕太皡
衛		衛侯使甯武子聘于魯		
蔡				
晉			趙衰欒枝先且居胥臣皆卒	舍二軍 襄公卒 趙盾爲太子少欲更立君偪于穆嬴遂立太子夷皐
曹				
鄭				
吳				
燕				
陳				
宋				
齊				
楚			滅六滅蓼	
秦				穆公卒子罃嗣爲哀公在位十二年穆公卒殉葬以人從死者百七十君子譏之

辛丑 三十有二年

是爲靈公在位十四年

成公卒子杵臼嗣是爲昭公在位九年

壬寅 三十有三年 王崩子壬臣踐位 魯使公孫敖入弔不至奔莒

使公孫敖入弔不至奔莒

趙盾專政

癸卯 頃王在位六年

元年 二月葬襄王王使毛伯如魯求金魯使叔孫得臣來會

魯侯使叔孫得臣來會葬

共公卒子壽嗣是爲文公在位二十三年

襄公卒桓公立在位十六年

葬

	甲辰二年	乙巳三年	丙午四年	丁未五年	戊申六年
周					王崩子班踐位 周公閱與王孫蘇爭政故不赴 尹氏聃啓如晉 周公方與王孫蘇訟于晉王叛王孫蘇而使尹氏與聃啓訟周公于晉趙宣子平王
魯					
衛					
蔡					
晉					
曹				附邾文公卒子貜且嗣是為定公	
鄭					
吳					
燕					
陳				共公卒子平國嗣是為靈公在位十五年	
宋					
齊					昭公卒子舍嗣公子商人弒其君舍而自立是為懿公在位四年
楚				商臣卒子旅嗣是為莊王在位二十三年	
秦					

室而復之

己酉 匡王在位六年 元年	庚戌 二年	辛亥 三年	壬子 四年
季孫行父如晉宋司馬華孫如魯盟曹伯朝魯			文公卒子赤嗣襄仲弒其君之子赤
莊侯卒子申嗣是為文侯在位二十年			
	宋襄夫人使衛伯殺昭公而立其弟鮑是為文公在位二十二年		
懿公不得民心			懿公以爭田刖邴歜父又奪閻職之
			康公卒子稻嗣是為共公在位四年

珍倣宋版印

	癸丑 五年	甲寅 六年	乙卯 定王在位二十一年 元年
周		十月王崩弟瑜立	正月葬匡王 楚子伐陸渾之戎
魯	及視而立庶子倭是爲宣公在位十八年		
衛			
蔡			
晉		趙盾弒其君靈公迎襄公弟黑臀于周立之是爲成公在位七年	
曹			
鄭			穆公卒子夷嗣是爲靈公在位一年
吳			
燕			
陳			
宋			
齊	妻二人謀殺公而立桓公之子元是爲惠公在位十年		
楚			楚子伐陸渾至洛問鼎輕重
秦			

周定王

	丙辰二年	丁巳三年	戊午四年	己未五年
王使王孫滿勞楚子			王使子服求后于齊 召公逆王后于齊	
		魯侯朝齊齊侯爲高固求婚		
	公子歸生以黿故弒其君靈公弟堅立是爲襄公在位十八年			
	共公卒子槃嗣爲桓公在位二十八年			

珍倣宋版印

河徙

禹之行河水本隨西山下東北去周定王五年河徙則今所行非禹穿也

七月朔日有食之既

庚申 六年

王使單子聘于宋遂自陳聘于楚

辛酉 七年

王使徵聘于魯魯侯朝于齊使仲孫蔑入聘

壬戌 八年

王使王季子聘于

	五年	六年	七年	八年
魯				
衛			成公卒子遬嗣是為穆公在位十一年	
蔡				
晉			成公與諸侯會于扈卒子據嗣是為景公在位十九年	
曹				
鄭				
吳				
燕	桓公卒宣公立在位十五年			
陳				夏徵舒以
宋				
齊				惠公卒子
楚		滅舒蓼盟吳越		
秦				

周定王	魯	癸亥九年	甲子十年	乙丑十有一年	丙寅十有二年
			屠岸賈殺趙朔于下宮		
				文公卒子盧嗣是爲宣公在位十七年	宣公初年
	其母辱殺陳靈公	楚子殺夏徵舒迎靈公子午于晉而立之是爲成公在位三十年			
	無野嗣是爲頃公在位十七年				
		誅陳夏徵舒立陳成公			

丁卯 十有三年

王札子殺召伯毛伯 初稅畝

王孫蘇與召毛爭政卒殺之立召襄

戊辰 十有四年

成周宣榭火

晉滅赤狄甲氏來獻俘王以黼冕命晉士會

王孫蘇奔晉晉侯使士會入聘

己巳 十有五年

魯 衞 蔡 晉 曹 鄭 吳 燕 陳 宋 齊 楚 秦

文侯卒子嗣固是爲景侯在位十四九年

郤克使齊婦人笑之克歸怒

庚午 十有六年

辛未 十有七年 晉侯使瑕嘉來平戎王使單子如晉 王季子伐茅戎敗績

壬申 十有八年

癸酉 十有九年

甲戌 二十年

周定王

庚午	辛未	壬申	癸酉	甲戌
宣公卒子黑肱嗣是爲成公在位十八年	成公初年作邱甲			
		穆公卒子臧嗣是爲定公在位十二年		
景侯初年				
伐齊質子彊兵罷			作六軍〇僭王也	
				襄公卒子費嗣
				宣公卒昭公立
		文公卒子固嗣是爲共公在位十三年		
莊王卒子審嗣是爲共王在位三十一年	共王初年			

珍倣宋版印

	乙亥 二十有一年 梁山崩 王崩子夷踐位		丙子 簡王在位十四年 元年 吳壽夢來朝	丁丑 二年
魯				
衛				
蔡				
晉			遷于新田○亦名曰絳以先都絳爲故絳	
曹				
鄭	是爲悼公在位二年	悼公初年	悼公卒弟睔立是爲成公在位十四年	
吳		吳子去齊卒子乘嗣是爲壽夢○自太伯至此凡十九世吳始大稱王	壽夢朝王	伐鄭入州來○今淮蔡之地伐鄭入
燕	在位十三年	昭公初年		
陳				
宋				
齊				
楚				
秦				

戊寅 三年 王使召伯錫魯侯命

己卯 四年

庚辰 五年

州來皆諸夏之憂也

殺其大夫趙同趙括○趙莊姬譖之也

公肖疾立世子州蒲爲君是爲厲公在位八年○景公卒

頃公卒子環嗣是爲靈公在位二十八年

靈公初年

珍倣宋版印

辛巳 六年

命王季子單子取郟田于晉

壬午 七年

癸未 八年

魯侯及諸侯來朝遂從王季子成子會晉侯伐秦曹宣公卒于師公子負芻殺世子而自立

	六年	七年	八年
魯			魯侯朝周會晉伐秦
衛			
蔡			
晉	厲公立程嬰攻屠岸賈滅其族復趙武程嬰請死		
曹			宣公會晉伐秦卒于師公子負芻殺世子而自立是爲成公在位二
鄭			
吳			
燕			
陳			
宋			
齊			
楚			
秦			

周簡王

	甲申 九年	乙酉 十年	丙戌 十有一年
成肅公卒于瑕			釋曹伯歸于曹 春秋書曹伯歸自京師言王命也以
		始與吳通會鍾離	宣公告于晉欲殺季文子文子得以
	定公卒子衎嗣是爲獻公		
		會諸侯于戚執曹伯歸于京師	與楚鄭戰于鄢陵楚鄭敗績
十三年		曹伯殺君自立諸侯請討之晉侯執之歸于京師諸侯立子臧子臧辭奔宋	曹伯負芻歸于曹
		始與諸侯會鍾離	
		共公卒蕩山攻殺太子肥華元出奔歸而殺蕩山立公子成是爲平公在位四十四年	平公初年
		許靈公畏鄭偪請遷于楚楚公子申遷許于葉	
	桓公卒子嗣是爲景公在位四十年	景公初年	

珍倣宋版印

弒君之賊而使復國無以爲天下之共主矣

晉侯使郤至來獻楚捷　鄢陵之役也

丁亥　十有二年

戊子　十有三年

己丑　十有四年

九月王崩太子泄心踐位

國	己丑	戊子	丁亥	
魯	襄公初年	成公卒子嗣爲是襄公在位三十一年		義脫
衛				
蔡				
晉	悼公初年	欒書中行偃弒厲公立周公孫是爲悼公在位十五年	殺其大夫郤錡郤犨郤至	
曹				
鄭				
吳				
燕		武公初年	昭公卒武公立在位十九年	
陳				
宋				
齊				
楚				
秦				

庚寅 靈王在位二十七年

元年 正月葬簡王

辛卯 二年

壬辰 三年 晉大夫魏絳盟諸戎王叔陳生如晉 晉侯使士魴來京師

癸巳 四年

甲午 五年

乙未 六年

元年	二年	三年	四年	五年	六年
會晉城虎牢					
成公卒子髡頑嗣是爲僖公在位五年	僖公初年				楚圍陳晉會諸
		成公卒子溺嗣是爲哀公	哀公初年		
				滅萊	

珍倣宋版印

丙申 七年

丁酉 八年

戊戌 九年 以單子(靖公)爲卿士 以相王室 時王叔陳生與伯輿爭政不勝王叔奔晉

己亥 十年

國		丙申	丁酉	戊戌	己亥
魯					作三軍
衛					
蔡					
晉					
曹					
鄭	侯救陳僖公如會未見諸侯卒于鄵公子騑實弒之而立其子嘉是爲簡公在位三十六年	簡公初年	誅子騑		
吳					
燕					
陳					
宋					
齊					
楚					
秦					

庚子 十有一年

王使陰里聘后于齊

辛丑 十有二年

作三軍○魯以三分公室而作三軍晉亦以新軍無帥而復作

吳子壽夢卒長子諸樊立在位十三年○按壽夢有四子長諸樊次餘祭次餘昧次季札季札賢壽夢欲立之季札讓不可立長子諸樊

諸樊遇初年

共王卒子昭立是爲康王世子出奔吳○在位十五年

壬寅 十有三年 王使劉子賜齊侯命

癸卯 十有四年 劉夏逆王后于齊

甲辰 十有五年

乙巳 十有六年

		壬寅	癸卯	甲辰	乙巳
魯					
衛		孫林父甯殖攻侯侯奔齊二子立穆公子剽是爲殤公	殤公初年		
蔡					
晉	三軍非能復古也		悼公卒子彪嗣是爲平公在位二十六年	平公初年	
曹					附邾宣公卒子華立爲悼公在位十五年
鄭					
吳					
燕					
陳					
宋					
齊					
楚					
秦					

丙午 十有七年

丁未 十有八年 王使鄭大夫公孫蠆大路以葬 以蠆善伐秦晉侯請于王王追賜之

戊申 十有九年

周靈王

十有七年	十有八年	十有九年
率諸侯圍齊大破之		
晉率諸侯圍齊曹成公卒于師子滕嗣是爲武公在位二十七年	武公初年	
	殺其大夫公子嘉子産爲大夫	
武公卒文公立在位六年		
	靈公卒子光嗣是爲莊公在位六年○初以光爲太子既而廢光立公子牙爲太子光與崔杼殺牙而自立	

十月丙辰朔日食

己酉 二十年

九月庚戌朔日食

十月庚辰朔日食

庚戌 二十有一年

十一月庚子魯孔子生

辛亥 二十有二年

二月癸酉朔日食

穀洛鬭將毀王宮

壬子 二十有三年

七月甲子朔日食

八月癸巳朔日食

	己酉	庚戌	辛亥	壬子
魯		孔子生		
衞				
蔡				
晉				
曹				
鄭				
吳				
燕				文公卒懿公立在位四年
陳				
宋				
齊				
楚				
秦				

癸丑　二十有四年

使趙武爲政

吳子遏伐楚門于巢卒弟餘祭立

崔杼以莊公通其妻殺之立其弟杵白是爲景公在位五十八年

甲寅　二十有五年

甯喜弑其君剽孫林父入于戚以叛衞侯衎復歸于衞

誅衞殤公復入獻公晉人執衞甯喜

景公初年如晉請歸衞獻公慶封誅崔杼之族專國政

乙卯　二十有六年

十一月乙亥朔日食

殺其大夫甯喜衞侯之弟鱄出奔晉

丙辰　二十有七年

王崩太子晉母弟

公如楚葬康王

懿公卒子款嗣是爲惠公

冬鮑高欒氏謀慶封發兵

康王卒子麇嗣爲郟敖在

貴踐位

丁巳 景王在位二十五年

元年

夏五月葬靈王

戊午 二年

己未 三年

王殺其弟佞夫王子瑕奔晉

國	（續前）	元年	二年	三年
魯		吳季子來觀周樂盡知樂所爲		襄公卒于楚宮子野立而卒稠立是爲昭公在位三
衛		獻公卒子惡嗣是爲襄公在位九年	襄公初年	
蔡			景公爲太子般娶于楚通焉太子殺公自立是爲靈侯	靈侯初年
晉		吳季札來晉曰政卒歸韓趙魏		
曹				
鄭		吳季札來謂子產曰政將歸子子以禮幸脫于戹矣	諸公子爭寵相殺子產子成正	
吳		吳閽守舟者殺吳子餘祭弟餘昧立使季札聘魯齊鄭衛		
燕	在位六年	惠公初年		
陳				
宋				
齊	攻慶封慶封奔吳	吳季札來使與晏嬰歡		
楚	位四年			王季父圍爲令尹
秦				

		庚申四年	辛酉五年	壬戌六年
周景王	十二年〇年十七有童心 己未仲由生		晉韓起來聘觀書見易象春秋曰周禮盡在魯	
			辛酉漆雕開生	
			使韓起聘魯齊衛秦后子來奔	
		附邾悼公卒穿立是爲莊公		
				燕伯款多嬖寵公欲去諸大夫立寵人諸大夫殺寵人公
				晏嬰使晉見叔向曰齊政歸田氏叔向曰晉室無度
		令尹圍殺郟敖自立爲靈王楚公子比奔晉	靈王初年	
			后子奔晉車千乘	

珍倣宋版印

癸亥　七年

甲子　八年

乙丑　九年

丙寅　十年　衛齊惡來請命王使成子如衛弔追錫命

魯		癸亥有若生	舍中軍　孔子志學		季武子卒
衛					襄公卒公子元立是爲靈公在位四十二年
蔡					
晉				齊景公來請伐燕入其君	入燕君
曹					
鄭		作邱賦		鑄刑書	
吳		楚率諸侯來伐			
燕	恐奔齊燕人立悼公在位十年				悼公初年伯款歸王卒
陳					
宋					
齊				公如晉請伐燕入其君	入燕君
楚		伐吳執慶封殺之	率諸侯伐吳	率諸侯伐吳次乾谿	
秦			景公卒后子自晉歸嗣爲哀公在位三十六年		

御批

周景王

丁卯十有一年	戊辰十有二年 王使詹桓伯如晉晉侯使趙成來致閻田	己巳十有三年	庚午十有四年
		孔子生伯魚○十九娶宋开官氏一歲而生伯魚	
靈公初年			
			靈侯如楚楚子
		春有星出婺女十月平公卒子夷嗣是爲昭公在位六年	昭公初年
哀公有廢疾其弟招殺世子偃師公自縊死楚師滅之			
		平公卒子佐嗣是爲元公在位十五年	元公初年
	公子遷許于夷取州來淮北之田以益之遷方城外人于許		楚子虔誘殺蔡

滅鄭國而執其世子以歸爲之已戮不仁乃以爲犧牲而用之于岡山其殘忍刻毒無以復加矣

辛未 十有五年

原伯絞奔郊成景之族殺甘公過

周室衰原甘二族所以遂微

壬申 十有六年

國		辛未	壬申
魯			
衛			
蔡	虔誘殺之使公子棄疾圍而滅之執世子有以歸用之棄疾居之爲蔡公		楚平復蔡使隱太子有之子盧歸于蔡立爲平侯在位八年
晉			
曹			
鄭		簡公卒子寧嗣是爲定公在位十六年	定公初年
吳			
燕			悼公卒共公立在位五年
陳			楚平復陳使陳太子偃師之子吳歸于陳立爲惠公在位二十四年
宋			
齊			
楚	侯執世子用之○謂用隱太子爲犧牲于岡山屮殘忍甚矣	伐舒以恐吳次乾谿民罷于役遂怨王	公子比自晉歸公子棄疾自蔡歸弑其君虔于乾谿棄疾殺比而自
秦			

癸酉 十有七年

甲戌 十有八年 王大子壽卒王穆后崩 王一歲而有三年之喪三焉

乙亥 十有九年

	癸酉	甲戌	乙亥
	平侯初年		
			昭公卒子去疾嗣是爲頃公在位十四年○六卿強公室卑
	武公卒子須嗣是爲平公在位四年	平公初年	
		吳子夷昧卒子僚立在位十二年	吳子僚初年
	惠公初年		
立是爲平王　平王即位復陳蔡	平王初年○共王子	爲太子娶于秦女好自娶之	

珍倣宋版印

丙子 二十年 晉侯使屠蒯來請有事于雒與三塗 晉荀吳帥師滅陸渾之戎

丁丑 二十有一年 宋衛陳鄭災 鑄大錢

戊寅 二十有二年

己卯 二有有三年

庚辰 二十有四年

	丙子	丁丑	戊寅	己卯	庚辰
魯				孔子至京師既而反于魯己卯冉雍生冉求生	庚辰顏回生
衛					
蔡				平侯卒子朱嗣是爲悼侯在位三年	
晉	頃公初年				
曹		平公卒子悼公嗣在位九年	悼公午初年		
鄭				大夫公孫僑卒○即子産也	
吳					
燕		共公卒平公立在位十九年	平公初年		
陳					
宋					
齊				景公與晏子狩入魯問禮于孔子	高柴生
楚		遷許于白羽楚用費無極讒太子建于城父		楚子誅伍奢伍尚太子建自城父奔宋伍胥奔吳	
秦					

辛巳 二十有五年

王崩子猛踐位

葬景王王室亂劉子獻公之庶子伯蚠單子以王子猛居于皇

秋劉子單子以王子猛入于王城晉籍談荀躒帥九州之戎及焦瑕溫原之師以納王于王城

冬王子猛卒是爲悼王

乃立其母弟匄爲敬王

十二月癸卯朔日食

周室亂平公之立敬王

壬午 敬王在位四十四年景王子名匄

珍倣宋版印

	元年	癸未 二年	甲申 三年
	王居狄泉尹氏立 王子朝地震	王在狄泉王子朝入于鄔 五月乙未朔日食	
魯	昭公二十三年		公欲誅季氏三桓氏攻公公出居鄆孔子如齊
衛			
蔡	悼侯卒于楚子申立是為昭侯在位二十八年		
晉			
曹			
鄭			
吳			
燕			
陳			
宋			元公如晉卒于曲棘子頭曼嗣是為景公在位四十八年 附杞伯郁釐卒○林氏曰平公卒子悼
齊			孔子來有聞韶問政景公欲以尼谿之田封之晏嬰沮之遂反魯
楚			
秦			

乙酉 四年 王使單子如晉王次于滑晉知躒趙鞅以師至入王于成周尹氏毛伯召伯以王子朝奔楚

丙戌 五年 晉籍秦來致諸侯之戍

丁亥 六年

	四年	五年	六年
			公如晉求入晉弗聽之處乾侯
	知躒趙鞅納王于成周	使諸侯戍周	六卿殺公族分其邑各使其子
		悼公卒弟野立是爲聲公在位五年	聲公初年
			定公卒子蠆嗣是爲獻公在位
		使季札聘于晉吳其君僚諸樊之子光立是爲闔閭在位十九年	闔閭初年
公成立	景公初年		
	楚平王卒子壬嗣是爲昭王在位二十七年	昭王初年誅費無極	

珍倣宋版印

		戊子 七年	己丑 八年	庚寅 九年	辛卯 十年
		殺召伯盈尹固及原伯魯之子王子趙車入于鄻陰不佞討敗之 皆王子朝之黨也			王使富辛石張如晉請城成周
魯		公自乾侯如鄆齊侯曰主君公恥之復之乾侯			昭公卒于乾侯季孫意如
衛					
蔡					
晉	為大夫		頃公卒子午嗣是為定公在位三十七年	定公初年	率諸侯為周築城于成周
曹					平公弟通弑聲公代立是
鄭	十三年	獻公初年			
吳					伐越
燕					
陳					
宋					
齊					
楚					
秦					

周敬王

	壬辰十有一年	癸巳十有二年 盜殺鞏簡公	甲午十有三年	乙未十有四年 劉文公卒
廢世子而立公子宋是爲定公在位十五年	定公初年昭喪自乾侯至			
			卜商生	
爲隱公在位四年			附邾莊公卒益立爲隱公	
	隱公初年			
				乙未言偃生
				惠公卒子柳立是爲懷公在位四年
				附杞悼公卒子隱公乞立隱公弟弑隱公而自立
				附許遷于容城許四遷皆受楚令

丙申 十有五年 王使人殺王子朝于楚

丁酉 十有六年 周儋翩率王子朝之徒作亂王出奔晉處于姑蕕

戊戌 十有七年 劉子逆王于晉入王于王城

儋翩入于儀栗以叛劉子單子迎王于慶氏晉籍秦送王王入于王城

己亥 十有八年 單子伐穀城簡城

	丙申	丁酉	戊戌	己亥
魯	陽虎執季桓子與盟之釋之丙申曾參生			陽虎攻三家弗克奔齊
衛				
蔡				
晉			入周敬王	
曹	聲公弟露弒隱公代立是爲靖公在位四年	靖公初年		靖公卒子伯陽嗣在位十
鄭				
吳	於越來			
燕	平公卒子簡公嗣在位十二年	簡公初年		
陳	懷公初年			懷公卒于吳國人立其子
宋				
齊				
楚				
秦				

周敬王

己亥	庚子十有九年	辛丑二十年	壬寅二十有一年
劉子伐儀栗盂			
己亥宓不齊生	公山不狃召孔子欲往不果用孔子為中都宰庚子閔損生	以孔子為大司寇相魯侯會齊侯于夾谷齊歸鄆讙龜陰田○夾谷在祝其縣西南	
五年	伯陽初年		國人有夢衆君
	獻公卒子勝嗣是為聲公在位三十七年	聲公初年	
越是為閔公在位二十四年	閔公初年		
	哀公卒孫嗣是為惠公在位九年	惠公初年	生躁公懷公節

	癸卯 二十有二年	甲辰 二十有三年	乙巳 二十有四年 王使石尚歸脤于魯
魯	墮郈及費墮成弗克	以孔子攝相事與聞國政齊來歸女樂季桓子受之孔子適衛	
衛			世子蒯聵出奔宋孔子自衛適陳畏于匡反衛
蔡			
晉		趙鞅入于晉陽以叛荀寅士吉射入于朝歌以叛趙鞅歸于晉	
曹	子立社宮謀士曹振鐸止之請待公孫彊許之		公孫彊好射獻鴈若使為司城夢者之子士去
鄭			
吳		附越子允常卒子句踐嗣是為菼執	伐越越敗吳王雋李闔閭卒子夫差嗣在位二十三年
燕			
陳			
宋			
齊			
楚			
秦	公		

丙午 二十有五年

丁未 二十有六年

戊申 二十有七年

己酉 二十有八年 殺萇宏 魯桓僖宮災

庚戌 二十有九年

丙午	丁未	戊申	己酉	庚戌
定公卒子嗣是爲哀公在位二十七年	哀公初年		桓僖宮災季孫斯卒	附滕頃公結卒子
孔子去衛適曹		靈公卒蒯聵之子輒立是爲出公晉納太子蒯聵于咸○出公在位十二年	出公初年齊國夏衛石曼姑圍咸	
	請遷于吳	遷于州來州來近吳		盜殺昭侯國人立其
			趙鞅圍朝歌	
孔子去曹適宋及鄭至陳				
夫差初年	吳子敗越于夫椒			
		簡公卒獻公立在位二十八年	獻公初年	
			惠公卒子嗣爲悼公在位十五年	悼公初年

	辛亥三十年	壬子三十有一年	癸丑三十有二年	甲寅三十有三年	乙卯三十有四年
虞母立是爲隱公		壬子顏回卒			
子朔是爲成侯在位十九年孔子如蔡		孔子自蔡如葉			
				宋滅曹虜曹伯陽以歸	
				公入曹以曹伯陽歸	
	景公卒立嬖姬子荼	公子陽生入于齊是爲悼公在位五年陳乞弒其君荼	悼公陽生初年		
		昭王卒羣臣立其子章是爲惠王在位五十七年孔子自楚反	惠王章初年		

魯 衛 蔡 晉 曹 鄭 吳 燕 陳 宋 齊 楚 秦

丙辰三十有五年	丁巳三十有六年	戊午三十有七年	己未三十有八年	庚申三十有九年
		用田賦		魯人獲麟孔子作春秋孔子請討齊三家不可 饑○哀公所以有用不足之問
			越入吳吳及越平	
孔子自陳復歸于衛自衛反魯敘書記禮刪詩正樂贊周易				
				向魋謀弒其君不克入于曹以叛自曹出奔衛向巢奔魯司馬牛致其邑而適齊 陳恆與闞正爭政殺之執簡公于舒州之弒旋立具弟驁是爲平公恆相之專權齊
吳魯來伐鮑子弒悼公立其子壬是爲簡公在位四年	簡公初年			

珍倣宋版印

		辛酉四十年	壬戌四十有一年	癸亥四十有二年
魯	也		壬戌孔子卒于魯夏四月十八日乙丑	
衛			世子蒯聵自戚歸于衛是爲莊公其子輒出奔魯衛侯使鄢肸告魯	晉趙鞅復伐衛衛人出其君蒯聵立公孫般師莊公死于戎州己氏齊人伐衛立公
蔡				
晉				
曹				
鄭				
吳				越子伐吳敗于笠澤
燕				
陳				
宋				
齊	自是稱田氏平公在位二十五年	平公初年		
楚			楚白公勝殺令尹子西攻惠王葉公攻白公白公自殺惠王復國	楚滅陳殺陳閔公
秦				

周元王

甲子 四十有三年		乙丑 四十有四年 王崩子仁踐位	丙寅 元王元年 元王在位七年
子起執般師而歸	衛石圃逐其君起起出奔齊衛出公輒自齊復歸衛逐石圃	衛出公輒後初年	
			晉定公卒子錯嗣是為出公在位十八年趙簡子卒立其次子無恤
			越圍吳
	齊陳恆殺鮑氏晏氏及公族之強者割安平以東為封邑		
	悼公卒子嗣是為厲共公在位三十四年	厲共公初年	

珍倣宋版印

	二年	三年	己巳 四年	庚午 五年	辛未 六年
		王賜越子胙命為伯 越人致貢也			
魯		越子以泗東地與魯		魯侯以嬖妾公子荊之母為夫人荊為太子	
衛					衛侯輒出奔宋
蔡			蔡成侯卒子產嗣是為聲侯在位二十五年		
晉					
曹		越子納邾子益于邾太子革奔越		越子執邾子以歸立公子何	
鄭					
吳		越滅吳吳王夫差自殺　越范蠡去越越伯殺其大夫文種			
燕					
陳					
宋		越子歸吳所侵宋地			
齊					
楚		越子以江北地至泗止與楚			
秦					

壬申 七年

王崩太子介踐位

越宋魯伐衛納衛侯輒不克衛人立黜是為悼公〇悼公蒯瞶庶舅輒季父也

景公卒大尹立啓六卿逐啓而立得是為昭公在位六十五年

癸酉 貞定王 元年

史記作定王介世本索隱作貞王稽古錄作貞定王在位二十八年

魯侯出奔越卒于有山氏魯人立其子寧是為悼公在位三十七年

宋昭公初年

珍倣宋版印

		甲戌 二年	乙亥 三年	丙子 四年	丁丑 五年	戊寅 六年	己卯 七年	庚辰 八年
魯	〇時三桓盛魯卑于三桓之家	魯悼公初年						
衛								
蔡								
晉								
曹								
鄭						鄭聲公卒子易嗣是爲哀公在位八年	鄭哀公初年	
吳				附越菼執卒子鹿郢嗣是爲鼫與				
燕				燕獻公卒孝公立在位十五年	燕孝公初年			
陳								
宋								
齊								
楚								
秦								

辛巳 九年	壬午 十年	癸未 十有一年	甲申 十有二年
			蔡聲公卒子嗣是爲元侯在位六年
		晉荀瑤與韓趙魏氏分范中行氏之地以爲己邑晉告于齊魯請伐四卿四卿反攻其君晉侯出奔齊	晉出公卒于齊荀瑤立昭公曾孫驕是爲
	附越鹿郢卒子不壽嗣是爲盲姑		

乙酉 十有三年

魯	
衞	
蔡	
晉	哀公而專其政　晉哀公初年○正義曰表云晉出公錯十八年晉哀公忌二年晉懿公驕立十七年而卒世本云昭公生桓子雝雝生忌忌生懿公驕世家云晉出公十七年晉哀公驕十八年而無懿公按
曹	
鄭	
吳	
燕	
陳	
宋	
齊	齊平公卒子積嗣是爲宣公在位五十一年陳成子卒子盤代○世家自陳完至成子恆凡七世
楚	
秦	

丙戌十有四年

出公道死智伯乃立昭公曾孫驕為晉君是為哀公哀公大父雍晉昭公少子號戴子忌忌生善智伯蚤死故智伯欲并晉未敢乃立忌子驕為君據三處不同未知孰是

晉荀瑤約魏駒韓虎攻趙無恤

鄭人弑哀公立聲公之弟丑是

		丁亥十有五年	戊子十有六年	己丑十有七年
魯				
衛				
蔡				
晉	無恤奔晉陽	荀瑤及韓魏圍晉陽	晉趙無恤約魏駒韓虎攻荀瑤滅之三分其地○初六卿共專晉政既而知氏滅范氏中行氏至此趙與韓魏又滅知伯分其地大卿已滅其三矣	晉知開率其邑
曹				
鄭	爲共公在位三十年	鄭共公初年		
吳				
燕				
陳				
宋				
齊			齊田盤使其宗人盡爲齊都邑大夫與三晉通使	
楚				
秦				晉知開來奔

	庚寅十有八年	辛卯十有九年	壬辰二十年	癸巳二十有一年	甲午二十有二年
	衞悼公卒子弗嗣是爲敬公在位十九年	衞敬公初年			
	蔡元侯卒子齊嗣在位四年	蔡侯齊初年			楚子滅蔡蔡侯齊出
人奔秦				晉知寬卒其邑人奔秦	
			附越盲姑卒子翁嗣是爲朱勾在位三十七年		
		燕孝公卒載立是爲成公在位十六年	燕成公初年		
					楚子滅蔡蔡侯齊出
				晉知寬來奔	

	乙未	丙申	丁酉	戊戌	己亥	庚子
	二十有三年	二十有四年	二十有五年	二十有六年 日食晝晦星見	二十有七年	二十有八年
魯						
衛						
蔡	亡○蔡仲至齊凡二十四世					
晉						
曹						
鄭						
吳						
燕						
陳						
宋						
齊						
楚	亡	楚滅杞	楚與秦平楚東侵地至于泗			
秦				秦伐義渠虜其君以歸		秦厲共公卒子嗣是爲躁公在位十四年

王崩子去疾踐位是爲哀王弟叔弑之自立五月是爲思王少弟嵬殺叔而立是爲考王封弟揭于河南以續周公之職是爲河南桓公河南卽郟鄏周武王遷九鼎周公營以爲都是爲王城又遷殷民于洛陽下都是爲成周平王東遷定都于王城王子朝之亂其餘黨多在王城敬王畏之徙都成周至是考王以王城故地封其弟桓公焉

辛丑 考王 在位十五年

珍倣宋版印

	元年	壬寅 二年	癸卯 三年	甲辰 四年	乙巳 五年	丙午 六年	丁未 七年
						夏六月雪日食	
魯							
衛							
蔡							
晉		晉哀公卒子柳嗣是為幽公在位十八年	晉幽公初年	晉侯反朝于韓趙魏氏晉獨有絳曲沃			
曹							
鄭							
吳							
燕							燕成公卒緡公立在位三十一年
陳							
宋							
齊							
楚							
秦	秦躁公初年						

周考王

戊申	己酉	庚戌	辛亥	壬子	癸丑
八年	九年	十年	十有一年	十有二年	十有三年
		魯悼公卒子嘉嗣是爲元公在位二十一年	魯元公初年		
	衛敬公卒子糾嗣是爲昭公在位六年○衛屬于晉韓趙魏氏	衛昭公初年			
燕湣公初年					
	惠王卒子仲嗣是爲簡王在位二十四年	楚簡王初年 楚滅莒			
			義渠伐秦侵至渭陽	秦躁公卒弟立是爲懷公在位四年	秦懷公初年

甲寅　十有四年

乙卯　十有五年

王崩太子午踐位西周公封其少子班于鞏以奉王是為東周（仍襲父號曰東周惠公）○大事記曰此東西周分之始也初考王封其弟揭于河南是為河南桓公桓公卒子威公立威公卒子惠公立惠公復自封其少子班于鞏以奉王號殆欲獨擅河

魯	
衛	衛公子亹弒其君昭公而自立是為懷公在位十一年
蔡	
晉	
曹	
鄭	
吳	
燕	
陳	
宋	
齊	
楚	
秦	

南之地而不復奉王與

東周者指威烈王所居之洛陽也鞏乃班之采邑非以鞏爲東周也

丙辰威烈王在位二十四年元年

衞懷公初年

晉趙襄子卒以兄子伯魯之孫浣爲後爲獻子襄子之弟嘉逐浣而自立于代是爲桓子韓康子卒子啓章代爲武子魏桓

鄭共公卒子巳嗣是爲幽公在位一年

秦庶長鼂弒其君懷公國人立其孫是爲靈公在位十年

國		丁巳二年	戊午三年	己未四年	庚申五年	辛酉六年
魯						
衛						
蔡						
晉	子卒子斯立為文侯	晉趙桓子卒國人殺其子迎浣復位				盜殺晉幽公魏斯誅亂者立其子止是為
曹						
鄭			晉韓啓章來伐鄭殺幽公鄭人立其弟駘是為繻公在位二十七年	趙繻公初年		
吳						
燕						
陳						
宋						
齊						
楚						
秦		秦靈公初年		秦作上下時		

壬戌七年

烈公在位二十七年

晉烈公初年魏斯城少梁韓啓章都平陽趙浣城泫氏

癸亥八年

楚滅鄭

甲子九年

乙丑十年

丙寅十有一年

衛公孫頹弒其君懷公而自立是爲慎公在位四十二年○頹敬公

秦靈公卒國人廢其子而立其季父是爲簡公在位十六年○簡公

珍倣宋版印

丁卯 十有二年

戊辰 十有三年

晉河岸崩壅龍門至于底柱

己巳 十有四年

庚午 十有五年

辛未 十有六年

		丁卯	戊辰	己巳	庚午	辛未
魯						魯元公卒子顯嗣是爲穆公在位三十三年
衛	之孫也					
蔡						
晉						
曹						
鄭						
吳				附越朱勾卒子翳嗣在位三十六年		
燕						
陳						
宋						
齊					齊田白伐魯取一城	齊田莊子卒子和代是爲太公在位二年
楚						
秦	懷公之子昭公之弟	秦簡公初年				

周威烈王				
壬申 十有七年	魯穆公初年魯侯尊禮孔伋以公儀休為相泄柳申詳為臣	晉韓武子卒子虔代是為景侯在位九年趙獻子卒子籍代是為烈侯在位九年		秦初令吏帶劍
癸酉 十有八年		晉魏斯伐中山克之以封其子擊	楚簡公卒子當嗣是為聲公在位六年	
甲戌 十有九年		晉魏斯受經于卜子夏友田子方敬段干木	楚聲公初年	
乙亥 二十年		晉上地守李悝為魏文侯		

丙子 二十有一年

丁丑 二十有二年

國	丙子	丁丑
魯		
衛		
蔡		
晉	定平糴法著法經〇法經即今之名例律也	
曹		
鄭		
吳		
燕		
陳		
宋		宋昭公卒子購由嗣是爲悼公在位八年
齊	齊宣公卒子貸嗣是爲康公在位十八年	齊康公初年
楚		
秦		

按太史公諸侯表篇言十二實數十三者司馬貞謂賤夷狄不數吳又霸在後似非確論楚亦夷也何以數況吳又太伯後耶至于霸十二國非皆伯者何論先後讀汪師退年表補序乃言篇言十二者非不數吳乃不數秦也秦自襄公盡有西周之地卒并天下不得終列于諸侯亦猶秦魏韓趙楚燕齊七雄虓闞分裂中夏而但繫之以六國六國具爲秦幷故因秦紀踵春秋之後耳

歷代統紀表卷之一

歷代統紀表卷之二

偃師段長基述　孫鼎鑰 鼎鈞校刊

戊寅周威烈王二十三年

九鼎震

初命晉大夫魏斯趙籍韓虔爲諸侯

三分晉而秦無敵矣故周亡徵于此

按春秋左傳終于魯悼公四年是爲周貞定王

是時鄭魯宋衛諸國俱未亡也然特枝梧偃息於大國之側或爲所屬或爲所滅無事可紀故綱目於此分注祇列八大國曰秦曰晉曰齊曰楚曰燕曰魏曰趙曰韓夫魏趙韓既列爲諸侯晉室已卑矣太史公所以於周烈王二年即不表晉僅附出公哀公幽公元年於魏而太史公作表又只云六國者何也以秦自爲一代之制耳然周命未改秦猶列國也是編表七國者始皇未幷天下以前不予秦之繼周亦以見七雄之由來者漸矣

戰國

秦	齊 附宋	楚 附魯蔡	燕	魏 附晉衛	趙	韓 附鄭
簡公十二年	康公二年	聲王五年	閔公三十一年	文侯二十二年	烈侯六年	景侯六年

秦　齊　楚　燕　魏　趙　韓

五年也自是曠六十一年始爲通鑑何也春秋以降諸侯相吞滅者有之而大夫滅其君自三晉始天子不恤同姓而爵其賊臣此通鑑所以託始也

己卯二十有四年 王崩子驕踐位

盜殺楚君當子類嗣是爲悼王在位二十一年

燕僖公初年

文侯名斯桓子駒之之子按世家畢公高之裔孫畢萬事晉獻公賜邑于魏爲大夫自萬至駒八世三分晉地自桓子始至是命爲侯傳九世歷一百七十九年爲秦所滅

烈侯好音欲賜歌者田牛畜等侍以仁義乃止

烈侯名籍獻子浣之子按世家趙武生景叔景叔生簡子鞅鞅生長子伯魯次子無恤卽襄子鞅以無恤賢故立爲後無恤以伯魯未立不肯立其子欲傳位于伯魯子周代成君代成君先死乃取成君之子浣爲太子襄子卒浣立是爲獻子徙治中牟三分晉地自襄子始至是命爲侯傳十一世歷一百七十六年爲秦所滅

景侯名虔康子虎之孫武子啓章之子左傳杜氏注國語曲沃生韓萬自萬至康子虎九世三分晉地自康子始至是命爲侯傳十一世歷一百七十四年爲秦所滅

年	周	秦	齊	楚	燕	魏	趙	韓
庚辰	安王在位二十六年 元年			楚悼王初年				
辛巳	二年	秦簡公卒子惠公嗣在位十三年				魏太子罃生○武侯子	趙侯籍卒子武侯嗣在位十三年	韓景侯卒子烈侯取嗣在位十三年
壬午	三年 虢山崩壅河 山在陝州陝縣西二里臨黃河	秦惠公初年					趙武侯初年	韓烈侯初年
癸未	四年							楚圍鄭鄭人殺其相駟子陽
甲申	五年 日食							盜殺韓相俠累
乙酉	六年							附鄭相駟子陽之徒弒其君繻公
丙戌	七年		附宋休公初年					附鄭康公初年

丁亥八年	戊子九年	己丑十年	庚寅十有一年	辛卯十有二年	壬辰十有三年	癸巳十有四年	甲午十有五年	乙未十有六年初命齊田和爲諸侯
			秦伐韓宜陽取六邑		秦太子生○按本紀子出子生		秦惠公卒出公立在位二年	秦出公初年
齊伐魯			齊田和遷其君貸于海上食一城○和田恒曾孫	魯敗齊師于平陸	齊田和求爲諸侯魏文侯爲之請于王及諸侯王許之			齊太公和初年
	楚伐韓取負黍						魏吳起奔楚楚以爲相	
	魏伐鄭取酸棗	附晉孝公傾初年					魏侯斯卒子武侯擊嗣在位十六年	魏武侯初年
							趙武侯卒敬侯章立在位十二年	趙敬侯初年
							韓烈侯卒文侯立在位十年	韓文侯初年

侯

年	紀年	秦	齊	楚	燕	魏	趙	韓
丙申	十有七年	秦庶長改迎靈公子立爲獻公遂殺出公及其母沉之淵旁○改庶長名也	齊田和卒桓公立在位六年					
丁酉	十有八年	秦獻公初年	齊桓公午初年					
戊戌	十有九年							
己亥	二十年 日蝕晝晦							
庚子	二十有一年	秦孝公生		楚君類卒子肅王嗣在位十一年楚人殺吳起				
辛丑	二十有二年		齊伐燕	楚肅王臧初年		魏伐齊	趙伐齊	韓伐齊
壬寅	二十有三年		齊侯貸卒無子田氏遂并齊○是歲姜齊士太公望之後絕祀					

癸卯 二十有四年

齊威王因齊初年○始以齊彊天下

魏伐齊

趙伐齊

韓伐齊

甲辰 二十有五年

附晉靖公俱酒立初年

韓文侯卒哀侯立在位六年

乙巳 二十有六年 王崩子喜踐位

附魯共公初年

三晉共廢其君俱酒爲家人而分其地○至是晉亡

趙分晉國

韓哀侯初年分晉國

丙午 烈王在位七年 元年 日蝕

韓滅鄭自陽翟徙都之

丁未 二年

燕敗齊師于林狐

趙成侯種初年

戊申 三年

己酉 四年

附宋辟公初年○索隱曰辟音璧名辟兵生剔成

燕桓公初年

附衛聲公初年

趙伐衛取都鄙七十三○十邑爲都五百家爲鄙

庚戌 五年

魏侯擊卒○立武侯太子罃與公中緩爭

韓嚴遂弒其君哀侯○以韓庶爲相而

魏：立國內亂

韓：愛嚴遂二人相害遂刺廆于朝幷中哀侯

辛亥　六年

齊威王來朝

時周室微弱諸侯莫朝而齊獨朝之天下以此賢威王

齊：齊封即墨大夫烹阿大夫

楚：楚肅王辛立在位二十年

魏：魏惠王罃初年

韓：韓懿侯初年

壬子　七年

日蝕

王崩弟扁立

齊：附宋剔成立初年

楚：楚宣王良夫初年

魏：韓趙伐魏圍安邑

癸丑　顯王　在位四十八年

元年

齊：齊伐魏

甲寅　二年

乙卯　三年

秦：秦敗魏韓之師于洛陽

秦　齊　楚　燕　魏　趙　韓

丙辰 四年

丁巳 五年

秦敗三晉之師于石門賜以黼黻之服

按秦本戎翟前年兵至洛陽無忌已甚且三晉皆中國之民石門之敗斬首至六萬天子不能治反賜之是賞賊也自是秦日益張幷吞之勢已成矣

戊午 六年

己未 七年

五年	秦敗三晉之師于石門
七年	秦伯卒獻公薨孝公立生二十有一年矣在位二十四年
七年	燕桓公卒文公立在位二十九年
七年	魏敗韓趙之師于澮大雨三月與秦戰少梁太子被虜

	庚申	辛酉	壬戌	癸亥	甲子	乙丑	丙寅
	八年 彗星見西方 是年商鞅入秦三代數聖人良法美意掃地不存其爲彗也大矣	九年 致胙于秦 徐廣曰紀年東周惠公傑薨	十年	十有一年	十有二年	十有三年	十有四年
秦	秦孝公初年衛公孫鞅入秦	天子致胙于秦	秦以衛鞅爲左庶長定變法之令	秦敗韓師于西山			
齊				鄒忌以鼓琴見威王	齊封鄒忌爲成侯		齊魏會田于郊
楚							
燕	燕文公初年						
魏			魏星晝墜有聲				
趙							
韓			韓懿侯卒昭侯立在位二十六年	韓昭侯初年			

周顯王

丁卯	十有五年	秦敗魏師于元里取少梁				魏伐趙圍邯鄲		
戊辰	十有六年韓伐東周取陵觀廩邱		齊伐魏以救趙魏克邯鄲還戰敗績					
己巳	十有七年					諸侯圍魏襄陵		
庚午	十有八年							韓以申不害為相
辛未	十有九年	秦徙都咸陽始廢井田					趙成侯卒肅侯立在位二十四年	
壬申	二十年						趙肅侯初年	
癸酉	二十有一年	秦更賦稅法						
甲戌	二十有二年							
乙亥	二十有三年					附衛更號曰侯服屬三晉		
丙子	二十有四年							

珍倣宋版印

丁丑　二十有五年

諸侯會于京師

非朝也天威咫尺而莫之朝焉以是為不恭

戊寅　二十有六年

致伯于秦

己卯　二十有七年

	丁丑	戊寅	己卯
秦		致伯于秦諸侯賀之秦使公子少官帥師會諸侯來朝 按秦至是益強矣已受諸侯之賀而使大夫朝周秦之不王孰甚焉	
齊			按史記是年齊宣王初年與史記通鑑不同而考異不載具說未詳所據後湣王初年倣此
楚		附魯景公偃初年	
燕			
魏			
趙			
韓			

庚辰二十有八年					魏伐韓齊救韓虜太子申殺將軍龐涓		
辛巳二十有九年	秦封鞅為商君		楚宣王卒威王立在位十一年		秦商鞅來伐誘執公子卯魏徙都大梁獻河西地于秦齊趙伐魏		
壬午三十年			楚威王商初年				
癸未三十有一年	秦伯卒秦人誅衛鞅滅其家孝公薨太子立是為惠文王在位十四年						
甲申三十有二年	秦惠文王初年						韓申不害卒
乙酉三十有三年		附宋太邱社亡○亡謂社主亡也			孟軻至魏○是歲惠王卑禮厚詞以招賢者故孟子至梁		
丙戌三十有四年	秦伐韓拔宜陽						
丁亥三十有五年	秦大敗魏師擒其將龍賈	齊與魏會徐州以相王	楚滅越		魏惠王改元初年○司馬公曰		

		戊子 三十有六年	己丑 三十有七年
秦		六國合從以擯秦以蘇秦爲從約長幷相六國	秦以齊魏之師伐趙蘇秦去趙適燕從約皆解
齊		齊威王卒宣王立在位十九年	齊宣王辟彊初年伐燕
楚		楚伐齊	
燕		燕文公卒易王立在位十二年	燕易王初年
魏	史記六國表魏惠王三十六年薨襄王十六年薨哀王二十二年薨汲冢竹書紀年惠王二十六年改元初年後十六年薨杜預以史記誤分惠王之世爲二王之年蓋世本惠王生襄王而無哀王且竹書魏史所書必得其眞故今從之 與齊會徐州以相王		魏以陰晉爲和于秦附衛平侯初年
趙			
韓		韓昭侯卒子宣惠王立在位二十一年	韓宣惠王初年

年	一	二	三	四	五	六	七
庚寅 三十有八年							
辛卯 三十有九年	秦伐魏				秦伐魏魏獻河西之地于秦		
壬辰 四十年		附宋公弟偃逐其君剔成而自立			秦伐魏取汾陰皮氏拔焦		
癸巳 四十有一年	客卿張儀伐魏魏納上郡秦以儀爲相		楚懷王槐初年				
甲午 四十有二年	秦縣義渠○義渠古西戎國與趙魏接境秦昭王滅之今寧涇慶三州本其地				秦歸焦曲沃于魏		
乙未 四十有三年						趙肅侯卒子武靈立在位二十七年	
丙申 四十有四年 夏四月	秦初稱王					趙武靈王初年	
丁酉 四十有五年		蘇秦自燕來奔			附衛嗣君初年		

珍倣宋版印

年	秦	齊	楚	燕	魏	趙	韓
戊戌 四十有六年		按史記是年齊湣王初年		燕是年稱王		韓燕皆稱王趙武靈不肯命國人謂己曰君	韓是年稱王
己亥 四十有七年	秦相張儀免出相魏						
庚子 四十有八年 王崩子定踐位		齊號薛公田文爲孟嘗君〇文靖郭君田嬰子		燕易王卒王噲立			
辛丑 慎靚王在位六年 元年				燕王噲初年	附衛更貶號曰君		
壬寅 二年					魏侯罃卒子襄王立在位十六年 孟軻去魏適齊		
癸卯 三年	楚趙魏韓燕來伐秦出兵逆之五國皆敗走	附宋稱王			魏襄王初年		
甲辰 四年	魏請成張儀歸復相秦	齊大夫殺蘇秦					

乙巳	丙午	丁未	戊申	己酉
五年	六年 王崩子延踐位	赧王復遷王城在位五十九年 元年	二年	三年
		秦侵義渠得二十五城秦伐魏取曲沃又敗韓師質其太子倉以和	楚屈匄帥師來伐	秦敗楚楚割兩城之地以和○楚貪商於之地輕與齊絕與無名之師輕與秦戰卒之地不可得亦不免虜
		齊伐燕取之醢子之殺故燕君噲孟軻去齊齊宣王卒湣王地立在位四十年	齊湣王初年	
燕君噲以國讓其相子之				燕人立太子平為君即位昭王在位三十三年
				韓宣惠王卒子倉立是為襄王在位十六年

周慎靚王　周赧王

年	秦	齊	楚	燕	魏	趙	韓
庚戌 四年	秦使張儀說楚韓齊趙燕連衡以事秦封儀爲武信君秦君卒諸侯復合從			燕昭王平初年			韓襄王倉初年
辛亥 五年	秦武王初年秦張儀復出相魏誅蜀相莊○以莊殺蜀侯也						
壬子 六年	秦初置丞相						
癸丑 七年	秦伐韓明年拔宜陽						
甲寅 八年	秦武王卒弟稷立母羋氏治國事以舅魏冉爲將軍○在位五十六年					趙始胡服招騎射	
乙卯 九年	秦昭襄王初年		楚齊韓合從				
丙辰 十年 彗星見	秦魏冉殺其君之嫡母惠文后出其故君之妃悼武					趙伐中山取數邑中山復獻四邑以和	

丁巳 十有一年

后歸于魏○冉自是爲政

戊午 十有二年

彗星見

綱目書彗星者十有七未有一世再見者惟赧王而已周之終赧也決矣

齊韓魏伐楚楚使太子橫質于秦秦救之

己未 十有三年

楚太子橫殺秦大夫亡歸

庚申 十有四年

日食晝晦

綱目書日食者三百六十七而晝晦者三安王二十年是年漢呂氏庚申年周末居二周安得不亡哉

秦韓魏齊伐楚殺其將唐昧取重邱

趙伐中山中山君奔齊

辛酉 十有五年

秦公子悝質于齊

秦芈戎敗楚楚使太子橫質于齊以請平

	壬戌十有六年	癸亥十有七年	甲子十有八年	乙丑十有九年
秦	秦伐楚取八城遂誘楚君槐于武關執之以歸楚人立太子橫以齊田文爲丞相	秦伐楚取十六城齊韓魏伐秦秦割河東三城以和三國乃退○按三國伐秦倣爲楚討秦也及割三城以和則見其沒于利而不反于義非眞討伐者也	楚懷王亡之趙追之以歸	楚君槐卒于秦○諸侯由是不直秦
齊		齊田文自秦逃歸		
楚	楚人請太子橫于齊是立之爲頃襄王在位三十六年	楚頃襄王初年	楚君槐自秦逃趙不納秦追及之以歸	楚君槐卒于秦來歸葬
燕				
魏				
趙	趙武靈廢太子章傳國少子何自號主父○初武靈以長子章爲太子後納吳廣之女孟姚有寵生何愛之乃廢章而傳國焉○何在位三十三年	趙惠文王初年封弟勝爲平原君		
韓				韓襄王卒釐王咎立在位二十三年

丙寅	二十年	秦以魏冉爲相				魏昭王初年	趙故太子章作亂公子成李兌誅之遂弒主父于沙邱	韓釐王初年
丁卯	二十有一年							
戊辰	二十有二年	魏韓伐秦秦左更白起敗之拔五城						
己巳	二十有三年			楚君迎婦于秦				
庚午	二十有四年	秦封魏冉爲穰侯魏公子市爲宛侯公子悝爲鄧侯						
辛未	二十有五年　東周君如秦	秦魏冉伐魏魏入河東韓入武遂于秦						
壬申	二十有六年	秦白起伐魏取六十一城						
癸酉	二十有七年　冬十月	秦君稱西帝遣使立齊君爲東帝已而皆去之	齊稱東帝二日復爲王					

甲戌　二十有八年

乙亥　二十有九年

丙子　三十年

丁丑　三十有一年　秦魏韓會于京師

諸侯僭稱王自楚外齊威王二十六年首稱王魏襄王初年與諸侯會徐州以相王秦惠文王十三年稱王韓宣惠十年稱王燕易王十年稱王宋君偃十一年亦稱王中山亦稱王國策中山與燕趙爲王惟趙武靈王八年五國相王魏韓趙楚燕趙獨否曰無其實敢處其名乎令國人稱君尋亦稱王未紀其年至秦昭王十九年十月爲西帝十二月復爲王齊湣王三十六年爲東帝二日復爲王無其實處其名何取乎爾吁周王也後稱君衞侯也貶號曰君強弱之勢至易名號可慨也

	甲戌	乙亥	丙子	丁丑
秦		秦擊魏魏獻安邑及河內以和	蒙武擊齊拔九城	
齊		齊滅宋宋王走死溫		齊君走莒其相淖齒弑之
楚				
燕			燕使樂毅約趙啗秦連楚及魏伐齊	燕將樂毅伐齊下齊七十餘城齊君走莒其相淖
魏				
趙				
韓				

前此諸侯會于京師于此再見天威咫尺而不爲之朝罪不王也

戊寅 三十有二年

己卯 三十有三年

庚辰 三十有四年

楚謀入寇王使東

周君喻止

辛巳 三十有五年

壬午 三十有六年

齒弑之封毅爲昌國君

齊人立其君之子法章爲襄王討淖齒誅之〇在位十九年

附衞君卒嗣君也

趙使藺相如獻璧于秦

齊襄王初年

秦白起伐趙司馬錯因蜀伐楚拔黔中楚獻漢北上庸于秦

齊田單破燕軍盡復齊地封單爲安平君

齊田文卒

燕君平卒樂毅奔趙齊田單破燕盡復齊地〇惠王立在位七年

樂毅來奔封毅爲望諸君

紀年	秦	齊	楚	燕	魏	趙	韓
癸未 三十有七年	秦白起伐楚拔郢燒夷陵楚徙都陳秦封起爲武安君			燕惠王初年			
甲申 三十有八年	秦置黔中郡				魏昭王卒安釐王立在位三十四年		
乙酉 三十有九年			楚復取秦所拔江南十五邑以相秦		魏安釐王初年封公子無忌爲信陵君		
丙戌 四十年	秦伐魏魏納八城復伐魏又割溫以和						
丁亥 四十有一年					魏復與齊合從秦伐魏拔四城		
戊子 四十有二年	秦救韓敗趙魏之師斬首十五萬魏割南陽以和						韓釐王卒桓惠王立在位三十四年
己丑 四十有三年	秦置南陽郡		楚太子完爲質于秦○秦將伐楚楚使黃歇說秦復使歇侍太子質于秦	燕惠王卒武成王立在位十四年			韓桓惠王初年
庚寅 四十有四年				燕武成王初年			

周赧王

辛卯	庚辰	癸巳	甲午	乙未	丙申	丁酉	戊戌
四十有五年	四十有六年	四十有七年	四十有八年	四十有九年	五十年	五十有一年	五十有二年
秦滅義渠○義渠滅而中國無戎矣以范雎爲客卿			秦太子質于魏而卒	秦君廢其母不治事逐魏冉芊戎公子市公子悝以范雎爲丞相封應侯	秦君母芊氏以憂卒	秦伐韓拔九城斬首五萬	秦白起伐韓取南陽攻絶太行
					齊君法章卒子建立國事皆決于其母太史氏○在位四十四年	齊王建初年	
							楚太子完自秦逃歸楚君橫卒
秦來伐趙奢擊却之封奢爲馬服君				趙以公子勝爲相惠文王卒孝成王立在位二十一年	趙孝成王初年		

珍倣宋版印

年	秦	齊	楚	燕	魏	趙	韓
	道		完立是爲考烈王在位二十五年以黃歇爲相封春申君				
己亥 五十有三年			楚考烈王初年				
庚子 五十有四年							
辛丑 五十有五年	秦白起破趙長平殺卒四十萬					趙使趙括代廉頗將白起坑殺卒四十萬	
壬寅 五十有六年	秦攻趙韓趙又割地以和					秦誘執趙公子勝既而歸之	
癸卯 五十有七年				燕武成王卒孝王立在位三年			
甲辰 五十有八年	秦殺白起秦太子之子異人自趙逃歸○太子卽孝文柱也其妃華陽夫人無子夏姬生子異人質于			燕孝王初年	魏公子無忌大破秦軍于邯鄲下		

乙巳五十有九年秦伐韓趙王命諸侯討之秦遂入寇王入秦盡獻其地歸而卒

趙秦數伐趙趙不禮焉因不得意趙陽翟大賈呂不韋見曰此奇貨可居也乃與異人謀入秦見太子妃華陽夫人求立爲後夫人言于太子許爲嗣吏名楚不韋歸趙娶邯鄲姬有娠獻于楚期年生子即政也于是楚自趙逃歸遂得立及楚薨政遂立焉

無統

按周赧王五十九年乙巳秦昭襄五十一年楚考烈七年燕孝王二年魏安釐二十一年趙孝成十年韓桓惠十七年齊王建九年也是年周亡而秦王號者惟東周君既而東周君與諸侯謀伐秦秦莊襄使呂不韋帥師滅之遷東周君于陽人聚周乃絕祀自赧王五十九年至始皇幷天下之年其間七雄並爭凡無統者三十四年

謹按司馬公通鑑秦自丙午繼周漢自高祖元年繼秦晉自泰始元年繼魏唐自武德元年繼隋綱目則秦起于始皇帝幷六國之後漢起于滅楚之後晉起于平吳之後唐起于平羣盜之後如隋則綱目與通鑑同起于開皇九年平陳之後是謂之正統

書法云通鑑自是歲揭秦紀而大書之蓋周既亡而以秦繼也而綱目至此其于列國分注何也天下未一也天下未一秦仍列國耳必至于

秦　楚　燕　魏　趙　韓　齊

始皇二十六年秦并天下始以正統例大書之此綱目所以大一統也故曰統正于下而人道定矣漢晉唐初皆倣此

七雄

	丙午	丁未	戊申
秦昭襄王	五十二年 秦丞相范睢免 周氏東亡秦取其地寶器遷西周公于憚狐之聚	五十三年	五十四年 秦王郊見上帝于雍
楚考烈王	八年 以荀況為蘭陵令遷魯于莒而取其地	九年	十年 楚遷于鉅陽
燕孝王	三年	燕王喜初年	二年
魏安釐王	二十二年	二十三年 魏舉國聽令于秦	二十四年
趙孝成王	十一年	十二年	十三年
韓桓惠王	十八年	十九年 韓入朝于秦	二十年
齊王建	十年	十一年	十二年

	己酉	庚戌	辛亥
秦	五十五年	五十六年 秋秦王稷薨太子柱立韓王衰絰入弔祠○書法七國始書薨周亡也周亡綱目王七國則曷爲不書崩王書薨分王也書薨足以異之矣綱目不皆薨立六王必有事而後書惟秦悉書之詳秦世也自是秦有大事必書時若月	秦孝文柱初年 冬十月秦王柱薨子楚立
楚	十一年	十二年	十三年
燕	三年	四年	五年 燕伐齊拔聊城齊伐取之
魏	二十五年 魏人殺衛君而立其弟是爲元君	二十六年	二十七年
趙	十四年	十五年 趙公子勝卒	十六年
韓	二十一年	二十二年	二十三年
齊	十三年	十四年	十五年

七雄	壬子	癸丑	甲寅
	秦莊襄王楚初年 孝文王即位三日而薨子楚立尊華陽夫人爲華陽太后母夏姬爲夏太后 以呂不韋爲相國封文信侯滅東周遷其君于陽人聚○東周君與諸侯謀伐秦秦使呂不韋滅之遷東周君于陽人聚周遂不祀周比亡凡有七邑 秦取韓滎陽成皐置三川郡	二年 秦伐趙取三十七城	三年 秦拔上黨諸城置太
	十四年 楚滅魯遷其君于卞爲家人絶祀是爲頃公	十五年 楚黃歇徙封于吳	十六年
	六年	七年	八年
	二十八年	二十九年	三十年 秦伐魏魏公子無忌
	十七年	十八年	十九年
	二十四年	二十五年	二十六年
	十六年	十七年	十八年

珍倣宋版印

		乙卯	丙辰	丁巳	戊午	己未	庚申
秦	原郡五月秦王薨子政立	秦王政初年 秦鑿涇水爲渠	二年	三年 秦伐韓取十二城	四年	五年 秦伐魏取二十城置東郡	六年 楚趙韓魏衞合從伐
楚		十七年	十八年	十九年	二十年	二十一年	二十二年 楚東徙壽春命爲郢
燕		九年	十年	十一年	十二年	十三年	十四年
魏	率五國之師敗之追至函谷關而還	三十一年	三十二年	三十三年 魏公子無忌卒	三十四年	魏景閔王增初年 秦來伐拔二十城	二年 附 秦拔魏朝
趙		二十年	二十一年 趙王丹薨子偃立廉頗奔魏	趙悼襄王偃初年 趙李牧伐燕取武遂方城	二年	三年	四年
韓		二十七年	二十八年	二十九年	三十年	三十一年	三十二年
齊		十九年	二十年	二十一年	二十二年	二十三年	二十四年

七雄	辛酉	壬戌	癸亥	甲子
秦至函谷皆敗走	七年 秦伐魏取汲	八年	九年 秦王冠帶劍秋九月嫪毒作亂伏誅秦王還太后于雍	十年
	二十三年	二十四年	二十五年 楚王完薨太子悼立爲幽王李園殺黃歇○楚考烈王無子李園進其妹于春申君有娠園使妹說春申君進于王王召幸之生男立爲太子園恐春申君泄其事因刺殺春申君以滅其口	楚幽王悼初年
	十五年	十六年	十七年	十八年
歌及衛濮陽衛徙野王	三年	四年 魏與趙鄴	五年	六年
	五年	六年	七年	八年
	三十三年	三十四年	三十五年 韓王安初年	二年
	三十五年	三十六年	三十七年	三十八年 齊趙入

	乙丑	丙寅	丁卯	戊辰	己巳
秦	十一年 冬十月秦相國呂不韋以罪免出就國大索逐客客卿李斯上書召復故官	十二年 呂不韋徙蜀自殺	十三年	十四年	十五年
楚	二年	三年	四年	五年	六年
燕	十九年	二十年	二十一年	二十二年	二十三年 燕太子丹自秦亡歸○初太子丹嘗質于趙與秦王善及秦王
魏	七年	八年	九年	十年	十一年
趙	九年 趙王偃薨子遷立○遷之母倡也嬖于悼襄王王廢子嘉而立之遷以無行聞于國	趙幽王遷 初年	二年	三年	四年
韓	三年	四年	五年	六年 韓遣使稱藩于秦	七年
齊	三十九年 秦置酒譏媚敵也	三十年	三十一年	三十二年	三十三年

庚午	辛未	壬申	癸酉
十六年 代地震坼	十七年 秦滅韓虜王安置頴川郡	十八年	十九年 秦滅趙虜趙王遷秦王如邯鄲
七年	八年	九年	十年 楚王薨弟郝立三月郝庶兄負芻殺之自立○按春申君進李園妹爲考烈王后生太子悍立爲幽王幽本春申子也黷熊之祀陰絕十年而幽王死同母弟郝立是爲哀王此真考烈子也在位三月
二十四年 即位丹質于秦秦王不禮丹怒亡歸	二十五年	二十六年	二十七年
十二年	十三年	十四年	十五年
五年	六年	七年 秦伐趙趙殺其大將軍李牧	八年 秦滅趙趙亡趙公子嘉自立爲代王與燕兵合軍上谷
八年 韓獻南陽地于秦	九年 秦滅韓韓亡		
三十四年	三十五年	三十六年	三十七年

	秦	楚	燕	魏	趙	韓	齊
甲戌	二十年	楚王負芻初年 庶兄負芻弑而代之	二十八年 燕太子丹使盜劫秦王不克秦遂擊破燕代兵圍薊	魏王假初年	代王嘉初年		三十八年
乙亥	二十一年 冬十月秦拔薊	二年	二十九年 秦拔薊燕王走遼東斬太子丹以獻于秦	二年	二年		三十九年
丙子	二十二年 秦王賁伐魏引河溝以灌其城○賁翦之子也	三年	三十年	三年 秦王賁滅魏魏王假降殺之魏亡	三年		四十年
丁丑	二十三年	四年	三十一年		四年		四十一年
戊寅	二十四年 秦滅楚虜王負芻置楚郡	五年 秦滅楚虜王負芻楚亡	三十二年		五年		四十二年
己卯	二十五年 秦王賁滅燕虜王喜還滅代虜		三十三年 秦滅燕虜王喜燕亡		六年 秦滅代虜王嘉代亡		四十三年

王嘉王賁至江南降百越置會稽郡五月天下大酺

秦始皇帝

嬴姓都關中今陝西咸陽縣凡二傳共一十五年

庚辰 二十六年

王賁襲齊齊王建降遂滅齊

王初幷天下更號皇帝

追尊莊襄王爲太上皇

定爲水德以十月爲歲首

孔子曰行夏之時以商之建丑周之建子猶不可用況以十月爲歲首乎然不得不書之以著其失

秦隋綱目均以正統予之因其皆一統也然皆以不仁得天下享國俱不及三世特周與漢漢與唐之過峽耳觀太史公年表秦雖幷天下仍附之六國隋雖幷江南李延壽猶列之北史不少分別均不得與于五德之數先儒以爲閏位故曰閏統

珍倣宋版印

分天下爲三十六郡
築宮咸陽北阪上

辛巳 二十七年
帝巡隴西北地至雞頭山過回中回中宮名治馳道于天下

壬午 二十八年
帝東巡上鄒嶧山立石頌功業封泰山立石下禪梁父遂登琅琊立石遣徐市入海求神仙渡淮浮江至南郡而還

癸未 二十九年
帝東遊至陽武韓人張良狙擊誤中副車令天下大

索十日不得遂登之罘刻石而還

甲申 三十年

乙酉 三十一年

丙戌 三十二年 帝東巡刻碣石門壞城郭決隄防 巡北邊遣將軍蒙恬伐匈奴

因盧生有亡秦者胡之說也

丁亥 三十三年 略取南越地置桂林南海象郡以讁徙民五十萬戍之

珍倣宋版印

蒙恬斥逐匈奴收河南地
築長城
彗星見

戊子 三十四年
燒詩書百家語

己丑 三十五年
營朝宮作前殿阿房
阬諸生四百六十餘人使
長子扶蘇監蒙恬軍

庚寅 三十六年
隕石東郡
或刻之曰始皇死而地分

辛卯 三十七年
冬十月帝東巡至雲夢祀

虞舜上會稽祭大禹立石頌德秋七月至沙邱崩丞相李斯宦者趙高矯遺詔立少子胡亥爲太子殺扶蘇蒙恬還至咸陽胡亥襲位九月葬驪山

珍倣宋版印

二世皇帝

始皇次子名胡亥在位三年

按秦本戎翟自非子以善養馬受地于孝王之朝邑之秦爲附庸雖秦仲爲大夫襄公爲諸侯任好伯西戎而春秋未嘗予之及春秋變爲戰國周室日衰七雄並爭而天下之大統一旦而歸于秦豈非天命哉然暴戾爲政仁義不施不二世而遽滅凡五年間而萬世帝王之業盡爲漢有先儒有言秦爲周漢之閏位隋爲漢唐之閏位不其然哉

讀太史公秦楚之際月表是自秦二世元年楚隱王陳涉起至西楚項羽亡凡五年也因其間天下未定參錯變易不可以年紀故別其月而

壬辰元年

冬十月大赦

春帝東行到碣石並海南至會稽而還

夏四月殺諸公子公主

復作阿房宮

秋七月

表之夫陳涉起陳凡六閱月武臣起趙凡四閱月繫以月而不年是矣而其中有四十八月三十八月者何以不年其時統無所屬不得以正元起數則直曰一月二月云爾

按古公緘鼎銘云惟十有四月戎命尊云十九月管子書二十四月二十八月書法古有是例非始于龍門也

建國 謂仗義自王或相王者

楚 楚隱王陳勝 楚人陳勝始起兵于蘄自立爲楚王○勝陽城人字涉少與人傭耕即有富貴志會二世發閭左戍漁陽者九百人屯大澤鄉勝與陽夏吳廣爲屯長會大雨失期法皆斬勝

項 楚將項梁

趙 趙王武臣

齊 齊王田儋

漢 漢沛公劉邦

燕 燕王韓廣

魏 魏王咎

韓

楚 項 趙 齊 漢 燕 魏 韓

廣乃殺將尉詐稱扶蘇項燕爲壇而盟攻大澤攻蘄比至陳卒數萬入據之號大楚大梁張耳陳餘諫之大喜遂自立爲楚王

遣諸將徇趙魏以武臣徇趙周市徇魏以周文爲將軍擊秦秦遣章邯拒之楚軍敗走

楚將武臣至趙自立爲趙王始

八月

二月

葛嬰爲陳涉徇九江立襄彊爲楚王

武臣陳勝所善之陳人也勝以臣爲將軍張耳陳餘爲校尉徇趙耳餘乃說武臣自立爲趙王因不西兵而使韓廣略燕李良略常山張黶略上黨

珍倣宋版印

九月 廢衞君角爲庶人
初秦并天下而衞獨存至是二世廢之衞遂絕祀

癸巳 二年
冬十月 圍沛公于豐沛公出戰破之

	元年	二年
楚	三月 楚將周文兵入秦至戲下敗走葛嬰聞涉至即殺襄彊	四月 楚誅葛嬰
項	項梁起兵于吳號武信君梁下相人楚將項燕子也常殺人與兄子籍避仇吳中籍字羽力能扛鼎才器過人會稽守殷通欲應陳涉使梁將梁使籍斬通自爲會稽守舉吳中兵得精兵八千人以籍爲裨將籍時年二十四	二月
趙	二月	三月
齊	齊人田儋自立爲齊王始儋故齊王族也因周市徇地至狄儋殺狄令自立爲齊王擊市走之于東略定齊地田榮田橫皆儋從弟	二月
漢	楚人劉邦起兵于沛自立爲沛公邦字季沛人狀貌異人有大度初爲泗上亭長爲縣送徒因徒多道亡盡解縱之亡匿芒碭山中因陳涉之難沛父老迎立季爲沛公沛吏蕭何曹參輔之	二月 秦圍沛公于豐沛公出戰破之沛公既破秦軍
燕	韓廣爲趙將略地至薊自立爲燕王始韓廣至燕燕豪傑欲立以爲王廣曰不可廣母在趙燕人曰趙安敢害將軍家乎廣乃立居數月趙奉其母歸之	二月
魏	楚將周市立魏公子咎爲魏王而相之楚王勝使將周市徇魏市定魏地諸侯欲立之市不肯必立魏王後乃可乃迎魏公子寧陵君咎于陳五反而後楚王遣之乃立以爲王而相之	二月
韓		

秦二世皇帝

十一月

十二月 秦益遣兵擊楚臘月楚莊賈弒其君勝以降

端月 二世二年正月也秦諱正故謂之端

二月

	十一月	十二月	端月	二月
	五月 周文死田臧殺吳廣	六月 楚莊賈弒其君勝以降秦呂臣討賈殺之復以陳爲楚賈楚王御呂臣勝故涓人爲蒼頭軍者也	秦嘉立景駒爲楚王○嘉廣陵人景駒楚族景氏	二月
	三月	四月	五月 涉將召平聞陳王敗矯拜項梁爲上柱國西擊秦梁乃以八千人渡江而西	六月 項梁渡江陳嬰黥布皆屬焉
	四月 趙將李良弒其君武臣張耳陳餘走	五月	趙將張耳陳餘求趙王後歇立之居信都	二月
	三月	四月	五月	六月
令雍齒守豐而之薛	三月	四月 雍齒叛沛公以豐降魏沛公還攻豐不能下	五月 沛公聞景駒王在留往從之得張良以爲廄將	六月
	三月	四月	五月	六月
	三月	四月	五月 秦章邯擊魏圍臨濟	六月

一 珍倣宋版印

三月	四月	五月	六月	七月 大霖雨三月不見星
三月	四月 項梁擊殺嘉景駒走死梁入薛	五月	楚懷王孫心立爲楚懷王梁立之都盱貽	二月
七月	八月	九月	十月 項梁求楚懷王孫心于民間立爲楚王	十一月
三月	四月	五月	六月	七月
七月	八月	九月	十月 儋救臨濟章邯殺田儋儋之弟榮走東阿	十一月 齊人立田假爲王假王建弟也
七月	八月 沛公入薛見項梁梁益沛公卒五千遂拔豐	九月	十月 沛公如薛共立楚懷王	十一月
七月	八月	九月	十月	十一月
七月	八月 臨濟急周市如齊楚請救章邯大破之殺齊王儋及周市	九月	十月 魏王咎自殺臨濟降秦咎弟豹亡走楚楚予兵復徇魏地	十一月
			梁立韓公子成爲韓王索隱曰項羽更王之不使就封數月殺之立鄭昌爲韓王降漢漢封韓信爲王	二月

楚 項 趙 齊 漢 燕 魏 韓

下右丞相馮去疾
左丞相李斯更去
疾自殺要斬李斯
夷三族以趙高爲
中丞相

八月

九月

後九月
章邯擊趙圍趙王
于鉅鹿

	三月	四月 楚徙都彭城	五月 楚拜宋義爲上將軍項羽爲次將軍范增爲末將軍以救趙
	十二月	章邯大破楚軍于定陶項梁死楚懷王徙都彭城	楚懷王封項羽于魯爲次將屬宋義北救趙
	八月	九月	十月 秦圍趙王歇于鉅鹿
	齊王儋弟榮逐王假立儋子市爲王而相之	二月	三月
	十二月	十三月 沛公聞項梁死還軍從懷王軍于碭	十四月 楚懷王封沛公爲武安侯將碭郡兵西約先至咸陽者王之
	十二月	十三月	十四月
	十二月	楚立魏豹爲魏王都平陽始	一月
	五月	四月	五月

珍倣宋版印

甲午 三年

	冬十月	十一月	十二月	春正月	二月
楚	六月	七月 楚拜項籍爲上將軍	八月	九月	十月
項	二月	三月 項羽矯殺宋義將其兵渡河救鉅鹿	四月 大破秦軍于鉅鹿下諸侯將皆屬項羽	五月 虜秦將王離	六月 攻破章邯章邯軍却走
趙	十一月 章邯失邯鄲徙其民于河內	十二月	十三月 楚救至秦圍解	十四月 張耳怒陳餘棄將印去	十五月
齊	四月 齊將田都叛榮往助項羽救趙	五月	六月 故齊王建孫田安下濟北從項羽救趙	七月 項羽田榮分齊爲二國	八月
漢	十五月	十六月	十七月	十八月	十九月 沛公擊昌邑彭越以兵從○彭越昌邑人也使酈食
燕	十五月	十六月	十七月	十八月	十九月
魏	三月	四月	五月	六月	七月
韓	六月	七月	八月	九月	十月

	三月	夏四月	五月	六月	七月
			趙高欲誅欣欣恐亡走告章邯謀叛秦		
	十一月	十二月	二年一月	二月	三月
	七月	八月 楚急攻章邯邯恐使長史欣歸秦請兵趙高讓之	九月	十月 章邯與楚約降未定項羽許而擊之	十一月
	十六月	十七月	十八月	十九月 張耳從楚西入關	二十月
	九月	十月	十一月	十二月	十三月
其說陳留下之	二十月 攻開封破秦將楊熊熊走戎陽秦斬楊熊以徇	二十一月 攻潁川略南陽	二十二月	二十三月	二十四月
	二十月	二十一月	二十二月	二十三月	二十四月
	八月	九月	十月	十一月	十二月
	十一月	十二月	十三月	十四月	十五月

珍倣宋版印

		八月 趙高弒帝于望夷宮立子嬰為王 宮在涇陽縣東南八里以望北夷為名	九月 子嬰討殺趙高夷三族	乙未 三年 冬十月
楚		四月	五月	六月
項	項羽與章邯盟殷虛章邯等巳降與盟以邯為雍王	十二月 以秦降都尉翳長史欣為上將將秦降軍	十三月	十四月
趙		二十一月 趙王歇留國陳餘亡居南皮	二十二月	二十三月
齊		十四月	十五月	十六月
漢		二十五月 沛公入武關趙高弒其君于望夷宮立子嬰	二十六月	二十七月 漢元年秦王子嬰奉符璽降沛公入破咸陽還軍灞上待諸侯約
燕	南陽守齮降	二十五月	二十六月	二十七月
魏		十三月	十四月	十五月
韓		十六月	十七月	十八月

乙未十月乃沛公入秦之初猶未有漢也太史公表漢元年于此又二月項羽入秦又一月始尊懷王爲義帝元年而沛公始王漢中都南鄭前後似相牴牾非也天下不可一日無主故秦亡卽進漢以明有統此太史公微意在筆墨蹊徑之外者故綱鑑亦于此書漢元年以繼秦也但史以紀實是時主命分王者西楚也挾義帝以爲名雖屬空名不得不以其名奉之故表漢于十八王之中紀事之實也及義帝被弑項羽與漢尙中分天下爲二天下爲二卽不得謂之一統故綱目必于漢平楚之後乃大書卽皇帝位是之謂正統

十一月

十二月

七月	十五月 項羽詐坑殺秦降卒二十萬人于新安	二十四月	十七月	二十六月 沛公出令三章秦民大悅	二十六月	十六月	十九月
八月	十六月 項羽至關中誅秦王子嬰屠咸陽掘始皇冢大掠而東分天下立諸侯	二十五月 分趙爲代國	十八月 羽怒榮叛分齊爲三國索隱曰臨淄濟北膠東	二十九月 漢與項羽有隙見之戲下講解羽倍約分關中爲四國	二十九月 臧荼從入分燕爲二國索隱曰燕遼東也	十七月 分魏爲殷國	二十月 分韓爲河南

春正月

二月

國		事	月		注
		項羽尊楚懷王爲義帝徙都郴州	九月		
項		項羽自立爲西楚霸王王梁楚地都彭城今南直徐	十七月	項羽自立爲西楚伯王分王諸將楚分爲四	
衡山		立故番君吳芮爲衡山王都邾今黃州府黃岡黃安			
臨江		立故楚柱國共敖爲臨江王都江陵今荆州府附郭			
九江		立故楚將英布爲九江王都六今廬州府舒城有六			
常山		立故楚將張耳爲常山王王趙地都襄國今順德府	二十六月	更名爲常山	
代	二十七	徙故趙王歇王代爲代王今大同府蔚州治是			
齊		徙故齊將田都爲齊王都臨淄故齊都也	十九月	更名爲臨淄	
濟北		立故齊將田安爲濟北王都博陽今山東長清縣廢		更名爲濟北	
膠東	二十月	徙故齊王田市爲膠東王都卽墨在山東平度州		更名爲膠東	
漢	劉季高	立沛公爲漢王王巴蜀漢中都南鄭今漢中府	正月	分關中爲漢	索隱曰漢雍塞翟
雍		立故秦將章邯爲雍王王咸陽以西都廢邱卽犬邱		分關中爲雍	
塞		立故秦將司馬欣爲塞王王咸陽以東至河都櫟陽		分關中爲塞	
翟		立故秦將董翳爲翟王王上郡都高奴今延安府廢		分關中爲翟	
燕		立故燕將臧荼爲燕王都薊故燕都也	三十月	燕	
遼東	三十一	徙故燕王韓廣爲遼東王都無終今北直薊州玉		分爲遼東	
西魏	十九	徙故魏王魏豹爲西魏王王河東都平陽	十八月	更爲西魏	
殷		立故趙將司馬卬爲殷王王河內都朝歌		分爲殷	
韓	二十二	立韓王成爲韓王都陽翟故韓都	二十一月	韓	
河南		立故楚將申陽爲河南王都洛陽		分爲河南	

項 衡山 臨江 九江 常山 代 齊 濟北 膠東 漢 雍 塞 翟 燕 遼東 西魏 殷 韓 河南

注	三月	夏四月	五月
		諸侯罷戲下兵皆之國	
州	三十二	三十三	三十四
等縣	三十二	三十三	三十四
縣	三十二	三十三	三十四
城	三十二	三十三	三十四
邢臺縣	三十二	三十三	三十四
	二十八	二十九	三十
	三十二	三十三	三十四 齊田榮擊都都
盧縣或曰當作博陵	三十二	三十三	三十四
東	二十一	二十二	二十三
附郭縣	三十三	三十四 漢以蕭何爲丞相遣張良歸韓	三十五
	三十二	三十三	三十四
	三十二	三十三	三十四
金明城是	三十二	三十三	三十四
	三十二	三十三	三十四
田縣	二十二	二十三	二十四
	二十	二十一	二十二
	三十二	三十三	三十四
	二十三	二十四	二十五
	三十二	三十三	三十四

		六月	秋七月
項		五月	六月
衡山		五月	六月
臨江		五月	六月
九江		五月	六月
常山		五月	六月
代		三十一	三十二
齊	降楚	五月 齊故相田榮自立爲齊王	二月
濟北		五月	六月 田榮使彭越殺濟北王安又擊破西楚軍
膠東		二十四 田榮殺膠東王市	屬齊
漢		六月	七月 以韓信爲大將留蕭何給軍食
雍		五月	六月
塞		五月	六月
翟		五月	六月
燕		五月	六月
遼東		三十五	三十六
西魏		二十三	二十四
殷		五月	六月
韓		二十六	二十七 項羽誅韓王成張良復歸漢
河南		五月	六月

八月	九月	丙申 冬十月
		西楚項籍殺義帝于
七月	八月	九月
七月	八月	九月
七月	八月	九月
七月	八月	九月
七月	八月	九月 張耳降漢
三十三	三十四	三十五 歇復王趙歇以陳餘
三月	四月	五月
七月 屬齊		
八月 還定三秦、	九月 還定三秦雍王邯迎戰敗走	二年 十月 漢王如陝鎮撫關外
七月 邯守廢丘漢圍之	八月	九月
七月 塞王欣降漢	屬漢為河南上郡	
七月 翟王翳降漢	屬漢為上郡	
七月	八月	九月
三十七 臧荼擊殺遼東王廣滅之	屬燕	
二十五	二十六	二十七
七月	八月	九月
二十八 西楚立鄭昌為韓王	二月	三月 韓王昌降漢
七月	八月	九月 河南王陽降漢

		十一月	十二月	春正月
	江中			
項		十月	十一月	十二月
衡山		十月	十一月	十二月
臨江		十月	十一月	十二月
九江		十月	十一月	十二月
常山			二月 歇以陳餘爲代王號成安君	三月
代	爲代王	三十六	三十七	三十八
齊		六月	七月	八月 項籍擊齊王
濟北				
膠東				
漢	父老	十一月 漢王還都櫟陽	十二月	正月
雍		十月	十一月	十二月
塞				
翟				
燕		十月	十一月	十二月
遼東				
西魏		二十八	二十九	三十月
殷		十月	十一月	十二月
韓		漢立韓王孫信爲韓王	二月	三月
河南		屬漢爲河南郡		

	二月	三月
	二年一月	二月
	二年一月	二月
	十三	十四月
	二年一月	二月
	三月	四月
	三十九	四十月
榮敗走死籍復立故齊王田假爲齊王		二月
	二月	三月 王擊殷○王至洛陽爲義帝發喪告諸侯討項
	二年一月	二月
	二年一月	二月
	二十一	二十二 魏王豹降漢爲廢王
	十三	十四月 殷王卬降漢
	四月	五月

		夏四月	五月	六月
項		廿三 項羽以兵三萬破漢軍五十六萬	廿四	廿五
衡山		廿三	廿四	廿五
臨江		十五月	十六月	十七月
九江		廿三	廿四	廿五
常山		廿五	廿六	廿七
代		四十一	四十二	四十三
齊		廿三 齊王榮弟橫立榮子廣為王擊王假走之	廿三	廿三
濟北				
膠東				
漢	籍	廿四 王伐楚至彭城項籍還破漢軍漢以太公呂后歸	廿五 王走滎陽	廿六
雍		廿三	廿四	廿五
塞				
翟				
燕		廿三	廿四	廿五
遼東				
西魏		三十三 從漢伐楚	三十四 豹歸叛漢	三十五
殷		屬漢為河內郡		
韓		廿六 從漢伐楚	廿七	廿八
河南				

	秋七月	八月
	廿六	廿七
	廿六	廿七
	十八廿	十九廿
	廿六	廿七
	廿八	廿九
	四十四	四十五
	廿四	廿五
王還櫟陽立子盈爲太子復如滎陽 漢圍廢丘章邯自殺盡定雍地	廿七 屬漢	廿八 命蕭何守關中立宗廟社稷
	廿六	廿七
	三十六	三十七
	廿九	三十

	九月	後九月	丁酉 冬十月 晦日食
項	八月	九月	十月
衡山	八月	九月	十月
臨江	二十月	二十一	二十二
九江	八月	九月	十月
常山	十月	十一月	十二月 漢將韓信斬代
代	四十六	四十七	四十八 漢將韓信滅趙
齊	六月	七月	八月
濟北			
膠東			
漢	九月 漢將韓信擊魏虜豹遂北擊趙代	九月 徐廣曰應閏建巳	三年十月
雍			
塞			
翟			
燕	八月	九月	十月
遼東			
西魏	三十八 漢將韓信擊魏虜王豹	屬漢為河東上黨郡	
殷			
韓	十一月	十二月	二年一月
河南			

	十一月 晦日食	十二月	春正月	二月	三月
	十一月	十二月	三年一月	二月	三月
	十一月	十二月	三年一月	二月	三月
	二十三	二十四	二十五	二十六	二十七
	十一月	十二月 布身降漢地屬項籍			
王餘	十三月 屬漢為太原郡				
王歇	屬漢為郡				
	九月	十月	十一月	十二月	十三月
	十一月	十二月 王遣酈食其立六國後未行而罷	正月	二月	三月
	十一月	十二月	三年一月	二月	三月
	二月	三月	四月	五月	六月

	夏四月	五月
項	四月 圍漢王于滎陽亞父范增死	五月
衡山	四月	五月
臨江	二十八	二十九
九江		
常山		
代		
齊	十四月	十五月
濟北		
膠東		
漢	四月 楚圍王于滎陽	五月 王走入關彭越擊楚楚還兵擊之王復軍成皐
雍		
塞		
翟		
燕	四月	五月
遼東		
西魏		
殷		
韓	十月	十一月
河南		

六月	秋七月 有星孛于大角
六月	七月
六月	七月
三十月	三十一 王共敖薨
十六月	十七月
六月 楚破彭越還拔滎陽及成皋王走渡河奪韓信軍遣信擊齊	七月
六月	七月
六月	七月

珍倣宋版印

	八月	九月	戊戌 冬十月
項	八月	九月	十月
衡山	八月	九月	十月
臨江	臨江王驩立敖之子	二月	三月
九江			
常山			
代			
齊	十八月	十九月漢王遣酈食其說齊下之	二十月齊烹酈食其
濟北			
膠東			
漢	八月王軍小脩武遣人燒楚積聚	九月	四年十月
雍			
塞			
翟			
燕	八月	九月	十月
遼東			
西魏			
殷			
韓	十一月	十二月	二十一月
河南			

十一月	十二月	春正月	二月
十一月	十二月	四年一月	二月
十一月	十二月	四年一月	二月
四月	五月	六月	七月
漢立張耳爲趙王	二月	三月	四月
二十一漢將韓信擊虜齊王廣田横自立爲齊王戰敗走信遂定齊地			
十一月王復取成皋與楚皆軍廣武王還櫟陽復如廣武	十二月	正月	二月
十一月	十二月	四年一月	二月
二月	三月	四月	五月

珍倣宋版印

		三月	夏四月	五月	六月	秋七月	八月
項		三月	四月	五月	六月	七月	八月
衡山		三月	四月	五月	六月	七月	八月
臨江		八月	九月	十月	十一月	十二月	十三月
九江						漢立英布為淮南王	二月
常山		五月	六月	七月	八月	九月	十月
代							
齊	韓信立為齊王	二月	三月	四月	五月	六月	七月
濟北							
膠東							
漢	立韓信為齊王	三月	四月	五月	六月	七月 立英布為淮南王	八月 楚與漢
雍							
塞							
翟							
燕		三月	四月	五月	六月	七月	八月
遼東							
西魏							
殷							
韓		六月	七月	八月	九月	十月	十一月
河南							

	九月	己亥 冬十月	十一月
	九月	十月	十一月
	九月	十月	十一月
	十四月	十五月	十六月
	三月	四月	五月
	十一月	十二月	二年一月
	八月	九月	十月
約中分天下	九月 太公呂后歸自楚	五年十月 王追項籍至固陵齊王信魏相	十一月
	九月	十月	十一月
	十二月	四年一月	二月

秦楚之際月表

	十二月	
項	十二 同 漢圍籍垓下籍走自殺	
衡山	十二 同	
臨江	十七 同 漢虜驩	
九江	六月	
常山	二月	
代		
齊	十一 同 漢王馳入齊王信壁奪其軍更立齊王信爲楚	
濟北		
膠東		
漢	十二 同 王圍籍垓下籍走自殺楚地悉定王還至定陶	國越及劉賈誘楚大司馬周殷迎黥布皆會
雍		
塞		
翟		
燕	十二 同	
遼東		
西魏		
殷		
韓	三月	
河南		

春正月

馳入信壁奪其軍

王

十三 冋 徙王長沙

屬漢爲南郡

十四 淮南國

十三 趙國

十二 冋 徙王楚屬漢南四郡

十四 殺項籍天下平諸侯臣屬漢

五十一 冋

復置魏國

四冋 更以太原徙王代都馬邑王之都

分臨江爲長沙王

按秦楚之際但表月者以時無正統不可以年紀故但列其月而表之太史公表義帝元年以義帝爲諸國所共立也班固異姓諸侯王表冠漢元年不書義帝所以尊漢也綱目合義帝楚漢及諸國共稱元年者以諸國各自王漢猶未一統也例雖不一義各有取但斯時諸侯雖共立義帝而義帝不成統諸國雖各自王受命者毫無區別亦不見天心之有在惟漢誅無道秦約法三章民大悅民悅之即天與之可即決其受命而有天下故特表其在于十八王之中以明大統有歸其義甚嚴

珍倣宋版印

且正但猶未一統尚非大書紀年之時所以班固表云據漢受命譜十八王月而列之天下一統乃以年數至西楚衡山九江等國表中亦有紀年者蓋卽其就國之年而次第之非所以表元年也雖紀年亦與趙齊魏韓諸國之積月而累計者等

歷代統紀表卷之二

珍倣宋版

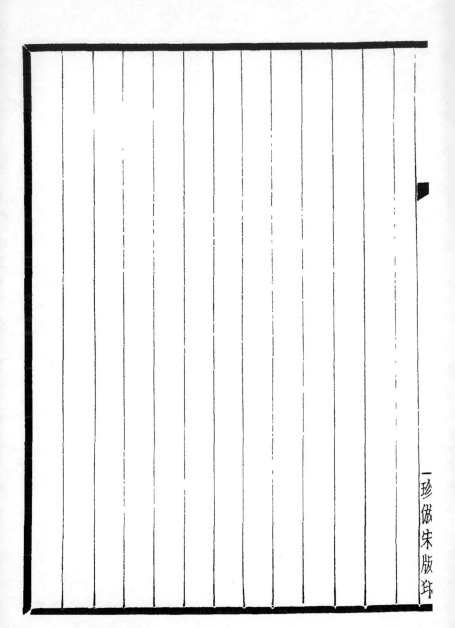

歷代統紀表卷之三

偃師段長基述
孫 鼎鑰 鼎鈞 校刊

編年紀事

漢太祖高皇帝

己亥 五年二月即皇帝位 二月甲午即位于氾水之陽

更王后曰皇后王太子曰皇太子追尊先媼曰昭靈夫人

帝西都洛陽

同姓諸侯王

異姓諸侯王

立故衡山王吳芮爲長沙王 吳芮故衡山王項羽奪其地稱番君漢滅羽更封爲長沙王都臨湘傳五世無後國除景帝立其子定王發爲長沙王

立故粵王無諸爲閩粵王都冶 閩粵越別名春秋七閩地戰國越人所居故稱閩越秦立閩中郡漢興師越人佐漢有功復立無諸爲閩越王王閩中故地都冶○今建安侯官二縣是其地

異國王

夏五月
兵罷歸家
帝西都關中以婁敬爲郎中賜姓劉氏
秋七月
故楚將利幾反帝自將擊破之
後九月
置長樂宮

召故齊王橫未至自殺
張良謝病辟穀
長沙王吳芮卒子成王臣嗣

燕王臧荼反帝自將虜擊之立盧綰爲燕王
綰與上居同里生同日壯同遊故特王之
綰爲燕王仍都薊高祖十一年叛降匈奴十二年以其地立子建爲王呂后七年國除更以呂通爲燕王文帝元年徙琅琊王劉澤爲燕王元朔二年國除元狩六年更立子旦爲燕王

趙王張耳卒子敖嗣
敖尚帝長女魯元公主

珍做宋版印

庚子

六年

冬十二月

帝會諸侯于陳執楚王信以歸赦爲淮陰侯

始剖符分功臣爲徹侯

春正月

以曹參爲齊相國

詔定元功位次賜丞相蕭何劍履上殿入朝不趨

楚王韓信國除 韓信初爲齊王既滅楚更立爲楚王都下邳至是國除

立從兄賈爲荆王都吳 分楚王信地以淮東之故東陽郡鄣郡吳郡五十三縣立從兄賈爲荆王都吳十一年爲英布所滅更以荆爲吳國立兄仲之子濞爲吳王都廣陵

更以太原郡爲韓國徙韓王信王之 上以信材武所王皆天下勁兵處乃以太原郡三十一縣爲韓國徙信王之以備胡都晉陽信以國被邊晉陽去塞遠請治馬邑許之

立弟交爲楚王都彭城 分楚王信地以淮北之薛郡東海彭城三十六縣立弟交爲楚王都彭城

封雍齒爲什邡侯

立兄喜爲代王都代 初韓王信封韓王

王故韓地都陽翟六年更以太原雁門郡三十一縣爲韓國徙都晉陽信請馬邑是年信降匈奴帝以雲中雁門代郡五十三縣立兄喜爲代王都代　七年匈奴攻代代王棄國自歸因改立子如意爲代王　八年徙爲趙王立子恒爲代王兼有韓王故地都晉陽後徙中都︵今汾州介休縣︶呂后薨文帝入即位二年分代地立子武爲代王參爲太原王至五年徙武爲淮陽王參爲代王盡得故地帝微時外爲婦之子

立子肥

齊王都臨菑〇以曹

參爲齊相

齊本韓信封國信徙爲楚王即以膠東膠西臨菑濟北博陽城陽都凡七十三縣立子肥爲齊王都臨菑　文帝十六年分齊爲六國立悼惠王肥之諱子皆爲王

夏五月
尊太公爲太上皇
秋令博士叔孫通起朝儀

匈奴寇邊圍馬邑韓王信叛與連兵

匈奴太子冒頓弑其父頭曼而自立

匈奴單于頭曼有少子欲殺冒頓後有太子冒頓而立之冒頓遂殺頭曼而自立

辛丑 七年
冬十月
長樂宮成朝賀置酒
帝自將追討韓王信被圍平城七日乃解用陳平計乃解
十二月
帝還至趙

匈奴寇代代王喜棄國自歸立子如意爲代王

春二月
帝至長安始定徙都

夏四月

帝如洛陽

壬寅 八年

冬十二月

帝還宮

癸卯 九年

冬十一月

徙齊楚大族豪傑于關中

春正月

徙代王如意爲趙王 趙王敖廢

以周昌爲趙相

漢四年封張耳爲趙王王趙故地都襄國五年子敖嗣九年國除帝以趙王張敖地徙代王如意爲趙王都邯鄲惠帝元年徙淮陽王友爲趙王呂后七年又徙梁王恢爲趙王未幾國除立呂祿爲趙王文帝元年封故趙幽王之子遂爲趙王

遣劉敬使匈奴結和親

珍倣宋版印

夏六月
以蕭何爲相國

甲辰 十年
夏五月
太上皇崩
秋七月
葬萬年令諸侯王國皆立廟
九月
代相國陳豨反帝自將擊之

乙巳 十一年
冬破豨軍
春正月
后殺淮陰侯韓信夷三族

立子恒爲代王

韓信夷三族
韓王信伏誅

帝還至洛陽

二月

詔郡國求遺賢

立子恢為梁王都睢陽

分梁王彭越地又益以東郡地立子恢為梁王都睢陽呂后七年徙恢為趙王以呂產為梁王明年大臣徙呂后所名孝惠子濟川王太為梁王文帝二年立子揖為梁王十一年又徙淮陽武為梁王

立子友為淮陽王都陳

分梁王彭越地又益以潁川郡地立子友為淮陽王都陳惠帝元年徙友為趙王呂后元年立所名孝惠子彊為淮陽王五年改立所名孝惠子武為淮陽王文帝五年徙代王武為淮陽王十一年又徙武為梁王而淮陽為郡

梁王彭越廢徙蜀三月殺之夷三族國除

漢五年封彭越為梁王王魏故地都定陶是年反誅之國除

夏四月　帝還宮

五月　帝有疾

秋七月　淮南王布反帝自將擊之

立子長爲淮南王

英布故封九江王漢因其故封改爲淮南仍都六至是布叛討滅之卽以其地立子長爲淮南王都壽春　文帝六年罪廢十二年徙城陽王喜爲淮南王十六年復以喜爲城陽王乃分淮南爲三國立淮南厲王長三子皆爲王

淮南王布反帝自將擊之

布殺荆王賈又敗楚軍遂引兵西

立故秦南海尉趙佗爲南越王

南海秦郡名趙佗南海郡龍川令繼南海尉任囂行南海尉事乘陳勝等作亂移檄絶道聚兵誅秦吏自立爲南越武王至是詔立以爲南越王使陸賈授璽綬佗稱臣奉漢約

丙午

十二年

冬十月

帝破布軍于蘄西布亡走長沙王臣誘而殺之

帝還過沛復其民世世無有所與（與讀曰預謂復除其賦役世世無所干預）

太尉周勃誅陳豨定代地

十一月

帝過魯以太牢祠孔子遂還宮

春二月

立兄子濞（喜之子喜劉仲名）為吳王都江都（荊王賈為英布所滅更以荊為吳國立兄仲之子濞為吳王）

長沙王臣誘殺英布

立子建為燕王（燕王盧綰謀反遣樊噲擊之綰亡入匈奴立子建為王）

燕王盧綰謀反遣樊噲討之立子建為燕王

詔陳平斬樊噲以周勃代將其軍平傳噲詣長安

珍倣宋版印

夏四月

帝崩

五月

葬長陵（在西安府咸陽縣東三十五里）

太子盈即位尊皇后曰皇太后

令郡國立高廟

盧綰亡入匈奴

赦樊噲復爵邑

孝惠皇帝（在位七年）

丁未 元年

冬十二月

太后殺趙王如意（如意戚夫人之子）

春正月

始城長安西北方

殺趙王如意

長沙成王臣卒哀王回嗣

徙淮陽王友爲趙王（是爲幽王）

戊申

二年冬十月

秋七月

相國酇侯蕭何卒

以曹參為相國

齊王肥朝王

酇侯蕭何卒

何病帝問曰君百歲後誰可代君何曰知臣莫如主帝曰曹參何如何曰帝得之矣臣死不恨

己酉

三年

春城長安

夏五月

立閩越君搖為東海王

惠帝舉高帝時越功又立搖為東海王都甌今福州溫州是其地

與匈奴和親

庚戌

四年

冬十月

立皇后張氏

帝姊魯元公主女也

珍倣宋版印

春三月

帝冠（帝生二十年矣）

立原廟（原再也先既立廟今又立廟故云）

宜陽雨血

辛亥　五年

冬雷桃李華棗實

春正月

城長安（高帝始都長安實曰西京六年更名咸陽曰長安）

秋八月

相國平陽侯曹參卒（諡曰懿）

九月

長安城成（跨歷五年然後畢事書成所以見其勿亟也）

平陽侯曹參卒

壬子 六年

冬十月

以王陵爲右丞相以陳平爲左丞相

王陵沛人初聚黨居南陽自漢王還定三秦以兵屬焉楚執其母欲以招之其母因使者語曰漢王長者終得天下無以我故持二心遂伏劍死

夏

以周勃爲太尉

癸丑 七年

春正月

朔日食

夏五月

日食既

齊王肥卒哀王襄嗣

留侯張良卒諡文成

張良書卒則子房托于神仙之說昭然可見矣

秋八月

帝崩

九月

葬安陵今西安府咸陽縣東二十五里

太子即位

初太后命張皇后取他人子養之而殺其母以為太子至是即位未嘗書立為太子也俄而有太子者即位而不知其名所以著其非正統也況天下不可一日無主惠帝以八月書崩而太子于九月既葬之後乃始即位至于曠月無君則是呂后擅朝之禍可勝言哉

太后臨朝稱制

漢呂后

呂台呂產將南北軍

漢置南北軍于京師所繫甚重太后以二呂將之則軍國大權已入呂氏掌握矣

篡賊

孝惠既崩呂后臨朝稱制是爲無統也呂后以無統之時立他人之子是篡賊也凡例曰篡賊謂篡位干統而不及傳世者也

甲寅

呂后稱制

按前書太子即位有所謂少帝賢曷爲以高后之年紀之少帝他人子不欲以他人子亂正統也夫綱目一統謂之正統分統即謂無統今呂后臨朝蓋合于一殆與東漢馬鄧無異初非戰國南北朝五代之比胡爲亦以分注書之蓋呂氏制朝雖取他人之子

立之實非劉氏顯欲成其篡竊之謀故綱目于此以戰國南北朝五代例書之以著其實非正統且以示天下非常之變也

冬十一月

太后以王陵爲帝太傅陳平爲右丞相審食其爲左丞相

綱目考異云按統系例曰篡賊謂篡位干統而不及傳世者注曰如漢之呂后王莽又曰篡賊亦連書但每歲首及有異事即加其名據王莽書名而是年歲首分注高皇后呂氏則此當書太后呂氏後凡歲首及有異事各冠以呂氏而削太后二字

夏四月

追尊父呂公爲宣王兄澤爲悼武王

封山朝武爲列侯立彊爲淮陽王不疑爲恒山王（山朝武三侯名五人皆他人子太后所名孝惠子也○按置五王于異姓者所以著其皆他人子且不知其爲何姓也）

立張偃爲魯王（初置魯國○張敖子高后外孫也）

立兄子台爲呂王（割齊之濟南郡立台爲王）

乙卯 二年

冬十一月

長沙哀王卒恭王若嗣

春正月

武都山崩

夏五月

呂氏封齊王弟章爲朱虛侯令入宿衛（提要作子）

秋七月

恒山王不疑卒

呂氏立山爲恒山王更名義（卽太后所名孝惠子也）

丙辰

夏

三年

江漢水溢

秋

星晝見

伊洛汝水溢

丁巳

夏四月

四年

廢少帝幽殺之

呂氏封女弟嬃爲臨光侯（婦人封侯一千三百六十二終綱目）

年一而已			
五月	立恆山王義爲帝更名宏		以朝爲恆山王
戊午 五年 春			南越王佗反 因有司請南越關市鐵器之禁
秋八月			淮南王彊卒呂氏立武爲淮陽王
己未 六年 冬十月			呂氏廢呂王嘉子台立台弟產爲呂王
春	星晝見		
庚申 七年 冬十二月			

	春正月	二月	秋七月	九月	辛酉 冬十月	夏	秋七月
	日食晝晦				八年	江漢水溢	太后崩遺詔呂產爲相國祿女爲帝后審食其爲帝太
	呂氏幽殺趙王友	呂氏徙梁王恢爲趙王	封營陵侯澤爲琅琊王 劉澤高祖從祖昆弟其妻呂嬃女也 趙王恢自殺	燕王建卒呂氏殺其子國除			齊王襄朱虛侯章之兄發兵討諸呂相國產使大將軍灌嬰擊之嬰留
		呂王產爲梁王	立太爲濟川王 太后所名孝惠子也 趙王恢自殺呂氏立呂祿爲趙王		呂氏立呂通爲燕王		

九月

傳

諸大臣迎立代王恒後九月至卽位誅呂后所名孝惠子宏等

屯滎陽與齊連和九月太尉勃丞相平朱虛侯章誅產祿及諸呂齊王灌嬰兵皆罷

燕趙國除

太宗孝文皇帝

高帝第三子名恒在位二十三年壽四十六歲

壬戌

元年

冬十月

以陳平爲左丞相周勃爲右丞相灌嬰爲太尉

春正月

徙瑯琊王澤爲燕王

封趙幽王子遂爲趙王

御批

漢文帝即位之初善政纍纍顧有地震山崩之異殆所謂天心仁愛而示以時保之義耶

立子啓爲皇太子

三月

立竇氏爲皇后 太子母也

夏四月

齊楚地震山崩大水潰出

令四方毋來獻

秋八月

右丞相勃免

召河南守吳公爲廷尉
以賈誼爲大中大夫

癸亥 二年

冬十月

丞相曲逆侯陳平卒 謚曰獻

詔列侯之國

十一月

楚王交卒夷王郢嗣 謚曰元

齊哀王卒文王則嗣

燕王澤卒康王嘉嗣

封宋昌爲壯武侯 昌乃帝爲代王之中尉也封爲侯修代來功也

越王佗稱臣奉貢 帝遣大中大夫陸賈復使南越賜佗書佗復書稱臣去帝號

河南守吳公爲廷尉

賈誼爲大中大夫

曲逆侯陳平卒

以周勃爲丞相

春正月
親耕籍田
三月
立趙幽王子辟彊爲河間王朱虛侯章爲城陽王東牟侯興居爲濟北王子武爲代王參爲太原王揖爲梁王

秋九月
賜天下今年田租之半
上書親耕籍田此賜民間半租帝之導民務本爲何如哉

甲子 三年
冬十月
晦日食
十一月
晦又食
長沙恭王卒靖王著嗣
絳侯周勃免就國

綱目書日食三百六十七一歲再食者二十五連月而食者二而已漢初丁酉年是年

淮南王長來朝殺辟陽侯審食其

丞相絳侯勃免就國以灌嬰爲丞相罷太尉官

夏五月

帝如甘泉遂如太原

濟北王興居反遣大將柴武擊之八月興居敗自殺

秋七月

帝還宮

以張釋之爲廷尉

釋之南陽堵陽人

張釋之爲廷尉

乙丑

四年

冬十二月

丞相嬰卒以張蒼爲丞相

賈誼爲長沙王太傅

丙寅

五年

夏四月	徙代王武爲淮陽王		
丁卯 六年 冬十月	淮南王長謀反廢徙蜀道死 楚夷王郢卒王戊嗣	賈誼爲梁王太傅	匈奴冒頓死子老上單于立復請和親 老上單于號也名稽粥音難育
戊辰 七年			
己巳 八年 夏 長星出東方	封淮南厲王子安等四人爲列侯		
庚午 九年 春 大旱			
辛未 十年 冬		將軍薄昭有罪自殺	

珍倣宋版印

壬申 十有一年

絳侯周勃卒諡曰武

梁王揖卒徙淮陽王絳侯周勃卒武爲梁王

癸酉 十有二年

冬十二月

河決酸棗東潰金隄興卒塞之河決始此

甲戌 十有三年

夏五月

除肉刑

六月

除田之租稅

賜民半租已仁矣于是遂永除之非帝儉約國有餘蓄能若是乎

漢太宗文皇帝十三年

乙亥

冬 十有四年

河間王辟彊卒哀王福嗣又卒無後國除

匈奴入寇遣兵擊之出塞而還

丙子

春 十有五年

黃龍見成紀

夏四月

帝如雍始郊見五帝

秋九月

作渭陽五帝廟親策賢良能直言極諫者以鼂錯爲中大夫

鼂錯爲中大夫

丁丑

十有六年

夏四月

親祠之上郊祀渭陽五帝廟

分齊地立悼惠子六人爲王

齊王則薨無子國

以新垣平爲上大夫

珍倣宋版印

	詔更以明年爲元年治汾陰廟聽新垣平之言也 人主即位謂一爲元古也自魏罃與齊相王始以三十六年改元爲一年君子非之于是帝即位十六年矣惑于異端復有此失自是景帝有中元後元武帝十一改元滋紛紛矣	除上乃分地立悼惠王子將閭爲齊王志爲濟北王賢爲菑川王雄渠爲膠東王卯爲膠西王辟光爲濟南王 分淮南地立厲王子三人爲王 安爲淮南王勃爲衡山王賜爲廬江王		
戊寅 後元年	冬十月		新垣平伏誅	
己卯 二年	夏			復與匈奴和親
	秋八月 丞相蒼免以申屠嘉爲相			
庚辰 三年	春			匈奴老上單于死子軍臣單于立

辛巳 四年

壬午 五年

癸未 六年

冬

匈奴寇上郡雲中詔將軍周亞夫屯兵以備之

甲申 七年

夏六月

帝崩遺詔短喪

葬霸陵

太子啓即位尊皇太后曰太皇太后皇后曰皇太后

秋九月

長沙王著卒無子國除著芮五世孫也

孝景皇帝

乙酉 元年 文帝子名啓在位十六年壽四十八歲

冬十月

尊高皇帝爲太祖孝文皇帝爲太宗令郡國立太宗廟

夏

復收民田半租三十而稅一

以張歐爲廷尉

丙戌 二年

冬十二月

有星孛于西南

春三月

立子德爲河間王即前辟彊地

以張歐爲廷尉沛人安邱侯說少子也

閼為臨江王即前驪地立三年無後國除
餘為淮陽王即前趙王友地
非為汝南王初置國
彭祖為廣川王初置國
發為長沙王即吳王著地

夏四月
太皇太后崩
六月
丞相申屠嘉卒以陶青為丞相
丞相鼂錯為御史大夫
彗星出東北
秋
衡山大雨雹
熒惑逆行守北辰月出北辰間歲星逆行天廷中

申屠嘉卒

丁亥 三年

冬十月

春正月

長星出西方

洛陽東宮災

二月

三月

梁王武來朝

吳王濞膠西王卬膠東王雄渠菑川王賢濟南王辟光楚王戊趙王遂反以周亞夫爲太尉將兵擊之殺御史大夫鼂錯

周亞夫大破吳楚軍濞亡走越戊自殺

越人誅濞齊王將閭及卬皆自殺雄渠賢辟光皆伏誅徙濟北王志爲菑川王徙淮陽王餘爲魯王汝南王非爲江都王立楚元王子禮爲楚王子

年	大事	諸侯王	
		端爲膠西王勝爲中山王	
戊子 四年	夏四月 立子榮爲皇太子徹爲膠東王	徙衡山王勃爲濟北王廬江王賜爲衡山王	
己丑 五年	春正月 遣公主嫁匈奴單于 公主嫁夷狄自景帝始	徙廣川王彭祖爲趙王	公主嫁匈奴單于
庚寅 六年	冬十二月 雷大霖雨		
	秋九月		

珍倣宋版印

廢皇后薄氏

辛卯 七年

冬十一月

廢太子榮爲臨江王

春

丞相青免以周亞夫爲丞相

夏四月

立夫人王氏爲皇后膠東王徹爲皇太子

初燕王臧荼孫女臧兒嫁王仲生兩女仲死又嫁田氏生蚡文帝時臧兒長女爲金王孫婦臧兒奪之納于太子宮生徹及帝即位長公主嫖欲以女嫁太子其母栗姬不許公主欲予徹王夫人許之由是公主日讒栗始而譽徹之美帝亦自賢之至是

楚文王禮卒安王道嗣

燕康王嘉卒王定國嗣

廢太子榮而立徹

壬辰 中元年

夏四月

地震

衡山原都雨雹大者尺八寸

癸巳 二年

春三月

徵臨江王榮下吏榮自殺坐侵廟壖垣爲宮自殺國除

夏四月

有星孛于西北

秋九月

晦日食

立子越爲廣川王寄爲膠東王

梁王武使人殺袁盎

甲午 三年

夏四月地震

旱

秋九月蝗

有星孛于西北

晦日食

丞相亞夫免以劉舍爲丞相

立子乘爲清河王都濟陽國初置

乙未 四年

夏蝗

丙申 五年

冬十月

日食
夏六月
大水
秋八月
未央宮東闕災
九月
詔獄疑者讞之
地震

丁酉 六年
冬十月
春二月
郊五時
夏四月

立子舜爲常山王復置國

梁王武來朝

梁王武卒分梁地王其子五人買爲梁王明爲濟川王彭離爲濟東王定爲山陽王不

珍倣宋版印

六月
秋七月
晦日食

戊戌 後元年
夏 丞相舍免
以衞綰爲丞相
五月 地震凡二十二日
秋七月
晦日食
八月
下條侯周亞夫獄亞夫不食死

識爲濟陰王不識無後

匈奴寇雁門上郡

周亞夫不食死

己亥 二年

春正月 地一日三動

秋 大旱

庚子 三年

冬十月 日月皆赤凡五日

十二月 雷日如紫五星逆行守太微月貫天廷中石氏星傳云龍星左角曰天田右角曰天廷

春正月 詔勸農桑禁采黃金珠玉

帝崩太子徹卽位

尊皇太后爲太皇太后皇后爲皇太后

二月

葬陽陵

景帝自三年平七國後至此凡十二年間書日食七地震四星孛蝗各二雨雹冬雷大霖雨大水春雨雪東闕災秋大旱皆一見是年所書日月皆赤等災尤爲可畏帝非有甚失德也特以刻忌少恩故爾鼂錯以忠謀見殺皇后太子以無罪而廢丞相亞夫以守正不得其死此皆非小故也上天變異夫豈適然哉惟合先後所書而考之則帝之得失可知矣

世宗孝武皇帝

景帝子名徹在位五十四年

辛丑

建元元年 年號之立自帝始

冬十月

親策賢良方正之士以董
仲舒爲江都相治申韓蘇
張之言者皆罷之
夏六月
丞相琯免以竇嬰爲丞相
田蚡爲太尉迎申公爲大
中大夫

壬寅 二年
冬十月
丞相嬰太尉蚡免申公免
歸
春三月
以許昌爲丞相衞青爲大
中大夫
夏四月

淮南王安來朝 上以安屬爲諸父而才高甚尊重之

董仲舒爲江都相

有星如日夜出昭帝元平元年有星如月唐僖宗中和元年星如杯碗皆莫甚于此

置茂陵邑

癸卯 三年

冬十月

河水溢于平原

大饑人相食

秋七月

有星孛于西北

九月晦日食

帝始爲微行遂起上林苑

甲辰 四年

中山王勝來朝

閩越擊東甌遣使發兵救之遂徙其衆于江淮間

夏有風赤如血

旱

秋九月有星孛于東北

乙巳 五年

夏五月

大蝗

廣川惠王越卒子繆王齊嗣四十五年以征和元年有罪病死

丙午 六年

春二月遼東高廟災

夏四月高園便殿火帝素服

五日

五月太皇太后崩

六月丞相昌免以田蚡爲丞相

清河王乘卒無後國除

閩越擊南越遣大行王恢將兵擊之恢未至閩越王弟餘善殺

御批 漢武帝信李少君之說遂遣方士入海求安期生之屬化丹砂諸藥以冀成金

秋八月有星孛于東方長竟天

昭宣彗長竟天而唐亡此武帝孛長竟天而止于兵禍彗之與孛蓋有間矣故綱目書孛五十三而書彗只十有九

王郢以降立餘善爲東越王

南越遣太子嬰齊入宿衛

自是因南越之朝而呂嘉反因呂嘉之兵而東越南方益多事矣

以汲黯爲主爵都尉

與匈奴和親

丁未 元光元年

戊申 二年

冬十月帝如雍祠五畤始親祠灶遣方士求神仙

李少君以祠灶却老方見上尊之于是親祠之

立太一祠

亳人繆忌奏祠太一方于是立祠

惑已甚矣至少君既死猶以為化去何其迷而不悟耶

	夏六月		遣間誘匈奴單于入塞將軍王恢等伏兵邀之不獲恢以罪下吏自殺
己酉 三年	春河徙頓丘夏決濮陽		
庚戌 四年	冬十二月晦殺魏其侯竇嬰		竇嬰被殺
	春三月丞相蚡卒	齊懿王壽卒厲王次昌嗣	
	夏四月隕霜殺草		
	五月以薛澤為丞相		
	地震		
辛亥 五年	冬十月	河間王德來朝獻雅	通南夷置犍為郡通

秋七月大風拔木

皇后陳氏廢 后以祠祭厭勝媚道事覺

詔大中大夫張湯中大夫趙禹定律令 上使二人定律令用法益刻

壬子 六年

冬初算商車 罔利蓋始于此

春穿渭渠

樂對詔策春正月還而卒 王修學好古以金帛招求四方善書所得皆古文先秦舊書

齊菑川王志卒靖王建嗣

河間獻王德卒恭王不害嗣

以公孫弘為博士

西夷置一都尉

匈奴寇上谷遣車騎將軍衛青等將兵擊却之

癸丑 元朔元年

冬皇子據生

綱目書子生五據以反終則書生弗陵以危嫡則書生（太始三年）宋劭以元凶則書生（丙子年）魏恂以叛父則書生（癸亥年）魏詡以太后之悖則書生（庚寅年）

春三月立夫人衛氏爲皇后

秋

楚安王道卒襄王注嗣

長沙定王發卒康王庸嗣（康漢書庸作鼒）

以李廣爲右北平太守匈奴不敢入

東夷薉君降置蒼海郡

東夷薉君南閭等二十八萬人降爲蒼海郡

甲寅 二年

珍倣宋版印

冬

春正月詔諸侯王得分國置封子弟爲列侯

三月徙國郡豪傑于茂陵

賜淮南王安几杖毋朝

燕王定國齊王次昌皆有罪自殺國除

匈奴入寇遣衛青擊走之遂取河南地立朔方郡募民徙之

乙卯 三年

冬以張騫爲大中大夫

匈奴單臣單于死弟伊稚斜單于立

夏六月皇太后崩王氏也

河間恭王不害卒剛王堪嗣

以張湯爲廷尉

丙辰 四年

丁巳 五年

冬十一月丞相澤免以公孫

匈奴寇朔方遣衛青

漢世宗元朔五年

弘爲丞相封平津侯

率六將軍擊之還以青爲大將軍

夏六月爲博士置弟子五十人

削淮南二縣賜衡山王賜書不朝

戊午

六年

春

夏六月詔民得買爵贖罪置武功爵

遣大將軍衛青率六將軍擊匈奴

己未

元狩元年

冬十月祠五時獲一角獸以燎始以天瑞紀元

淮南王安衡山王賜謀反自殺

夏四月立子據爲皇太子

遣博望侯張騫使西域始通滇國復事西南夷

年	紀事	封國	將相	外國
庚申 二年	春三月丞相弘卒以李蔡爲丞相 秋	更置六安國以故陳爲都立膠東王子慶爲恭王	丞相公孫弘卒以霍去病爲驃騎將軍擊匈奴過焉支至祁連山而還	匈奴渾邪王降置五屬國以處其衆休屠王太子日磾没入官上賜湯沐衣冠拜爲馬監賜金姓
辛酉 三年	秋山東大水徙其貧民于關西朔方 作昆明池	膠東康王寄卒哀王賢嗣		
壬戌 四年	方士文成將軍少翁伏誅		以卜式爲中郎賜爵左庶長以衛青霍去	匈奴請和親遣使報之單于留不遣

病皆爲大司馬

癸亥 五年
春三月丞相蔡有罪自殺以莊青翟爲丞相
以汲黯爲淮陽太守

甲子 六年
夏四月
廟立子閎爲齊王子旦爲燕王子胥爲廣陵王
廟立者志始也自是無書者略之也
秋九月
大司馬驃騎大將軍冠軍侯霍去病卒

乙丑 元鼎元年

丙寅 二年
冬十一月丞相青翟下獄自殺
張湯有罪自殺
丞相莊青翟下獄自

春起柏梁臺作承露盤
以趙周爲丞相
三月大雨雪
夏大水人餓死

丁卯 三年
冬徙函谷關于新安
夏雨雹
關東饑人相食

戊辰 四年
冬十一月立后土祠于汾陰

漢世宗元鼎四年

殺

常山憲王舜卒子勃立坐罪廢更爲真定國立憲王子平爲頃王

西域始通置酒泉武威郡

匈奴伊稚斜單于死子烏維單于立

雍上親祠之始巡郡國至滎陽而還

封周後姬嘉爲子南君

春以方士欒大爲五利將軍尚公主

夏六月汾陰得大鼎

己巳 五年

冬十月帝祠五時遂獵新秦中以勒邊兵立泰一及五帝祠壇于甘泉

遣使喻南越入朝

初南越文王胡遣其子嬰齊入宿衛在長安取樛氏女生興文王卒嬰齊立樛氏爲后與爲嗣嬰齊卒與代立其母爲太后嘗與霸陵人安國季少通是歲上使季少往喻王及太后入朝太后復與季少通國人不附太后

珍倣宋版印

十一月朔冬至親郊見 是爲泰時自是三歲天子一郊見

秋

九月嘗酎列侯百有六人皆奪爵丞相周下獄自殺以石慶爲丞相

欒大伏誅

庚午 六年

冬

帝如緱氏觀大人跡

南越相呂嘉殺使者及其王興更立建德爲王發兵反

賜卜式爵關內侯遣將軍路博德等將兵擊南越

丞相周下獄自殺

西羌反

路德等平南越獲建德呂嘉置九郡

討西羌平之

東越王餘善反遣將軍楊僕等將兵擊之

平西南夷置五郡置張掖燉煌郡

帝自制封禪儀

辛未

元封元年

冬十月帝出長城登單于臺勒兵而還

春正月帝如緱氏祭中嶽東巡海上求神仙

夏四月封泰山禪肅然復東北至碣石而還肅然小山在泰山下

五月至甘泉

秋有星孛于東井又孛于三台

以卜式爲御史大夫

貶卜式爲太子太傅以兒寬爲御史大夫東越殺王餘善以降徙其民于江淮間

賜桑弘羊爵左庶長弘羊一賈人子爾以言利得幸

珍倣宋版印

壬申 二年

冬十月帝祠五時還祠泰一以拜德星德星歲星也

春帝如東萊

夏還臨塞決河築宣防宮宣防宮在大名府開州瓠子口之上

至長安

立越祠作飛廉桂觀通天莖臺

秋作明堂于汶上屬東平國

以杜周爲廷尉周外寬內深次骨其治大放張湯刻至骨也深

朝鮮襲殺遼東都尉

遣楊僕荀彘伐朝鮮

遣郭昌發兵擊滇滇王降置益州郡

癸酉 三年

冬十二月雷雨雹大如馬頭

遣將軍趙破奴擊樓

初作角觝戲魚龍曼延之
屬

蘭虜其王姑師遂擊
車師破之
荀彘執楊僕幷其軍
朝鮮人殺王右渠以
降置樂浪臨屯元菟
真番郡彘以罪徵棄
市

項羽殺宋義破秦軍綱目書矯荀彘執楊僕降朝鮮綱目書以罪貴義不貴功也

甲戌 四年

冬十月帝祠五時遂出蕭關

春三月還祠后土

夏大旱

乙亥 五年

冬帝南巡江漢望祀虞舜于

九嶷射蛟獲之
春三月至泰山增封祀上帝于明堂配以高祖因朝受計
夏四月還郊泰畤
初置刺史凡十三部
詔舉茂才異等可爲將相使絶國者

大司馬大將軍長平侯衞青卒謚曰烈

丙子 六年
春作首山宮
秋

以宗室女爲公主嫁烏孫

匈奴烏維單于死子兒單于烏師廬立

丁丑 太初元年
冬十月帝如泰山
十一月甲子朔冬至祀明堂

十二月禪蒿里望祀蓬萊

春還作建章宮

夏五月造太初曆以正月爲歲首

從兒寬等之議始用夏正

築受降城

秋關東蝗起飛至燉煌

遣將軍李廣利將兵伐宛

戊寅

二年

春正月丞相慶卒以公孫賀爲丞相

己卯

三年

春帝東巡海上

睢陽侯張昌有罪國除

匈奴兒單于死季父呴犁湖單于立築塞外城障

珍倣宋版印

紀年	事	封拜	外夷
			匈奴大入盡破壞之大發兵從李廣利圍宛宛殺其王毋寡以降
庚辰 四年	春 秋起明光宮 武帝自即位以來起柏梁臺築宣防宮作蜚廉桂觀通天莖臺作首山宮建章宮于此又作明光宮用民力多矣	封李廣利爲海西侯	匈奴呴犂湖單于死弟且鞮侯單于立使使來獻
辛巳 天漢元年	春三月雨白氂 氂與釐通毛之彊曲者		遣中郎將蘇武使匈奴 蘇武使匈奴 上嘉單于之義遣蘇武送匈奴使留在漢者至匈奴匈奴欲降之時衞律已降在匈奴爲丁靈王因勸武降武不從乃置武大窖中絶飲食武齧雪

夏大旱

嚙旃數日不死乃使牧羝曰羝乳乃得歸武仗節牧羊節旄盡落昭帝時匈奴與漢和親漢使至求武等匈奴詭言武死已而常惠與武同使至匈奴者私教使者謂單于曰天子射上林中得雁足繫帛書言武在澤中單于驚歸武武留匈奴十九年昭帝嘉其節封典屬國宣帝立迎其匈奴所生子通國為武後武年八十餘歲卒

壬午

二年

夏

遣李廣利擊匈奴別將李陵戰敗降虜

李陵降虜

上遣李廣利李陵擊匈奴匈奴圍廣利趙充國潰圍陷陣救免廣利陵乃廣孫與匈奴搏戰至浚稽山矢盡援絕乃降匈奴帝大怒司馬遷上書甚

				言陵忠勇帝謂遷欲阻貳師爲陵遊說下遷腐刑幷族誅陵家其後廣利亦降匈奴衞律妬其寵誘單于殺之帝自此厭兵
癸未	三年 春三月帝東巡還祠常山			
甲申	四年 夏四月 令死罪入贖 富者殺人皆不死矣	立子髆爲昌邑王	遣李廣利等擊匈奴不利族誅陵家	
乙酉	太始元年 春正月徙豪傑于茂陵			匈奴且鞮侯單于死子狐鹿姑單于立
丙戌	二年			

秋旱

穿白渠溉田四百餘頃

丁亥 三年

春正月帝東巡琅琊浮海而還

皇子弗陵生即昭帝

以江充爲水衡都尉充爲趙王客得罪詣闕告趙太子陰事得用

戊子 四年

春三月帝東巡祀明堂修封禪夏五月還宮

己丑 征和元年

春三月

趙王彭祖卒遣使立武始侯昌爲趙王

夏大旱

冬十一月大搜長安十日巫蠱

事起

帝居建章宮見一男子帶劍入中龍華門命收之弗獲乃搜之

庚寅 二年

春正月丞相賀有罪下獄死夷其族

以劉屈氂爲左丞相

夏四月大風發屋折木

帝如甘泉

諸邑即諸城縣陽石公主長平侯衛伉坐巫蠱

及長平侯衛伉皆坐死

巫蠱死

秋七月皇太子據殺使者江充白皇后發兵反詔丞相屈氂討之據敗走湖皇后衛氏及據皆自殺

充初爲趙王客告趙太子陰事太子坐廢今太子據反亦江充

以巫蠱誣陷之所使也

辛卯 三年

春正月

夏

六月丞相屈氂棄市

李廣利妻子下吏

秋蝗

李廣利降匈奴詔族其家

初貳師之出也囑丞相屈氂曰早請昌邑王爲太子昌邑王貳師女弟李夫人子也貳師女爲屈氂子妻女故共欲立焉貳師出塞會有告丞相夫人詛祝上及與貳師共禱祠欲令昌邑王爲帝按驗罪至大逆不道屈氂腰斬東市貳師聞之恐深入要功及敗遂降詔族其家

以田千秋爲大鴻臚

匈奴寇五原酒泉遣李廣利等將兵擊之

發西域兵擊車師盡得其王民衆而還

珍倣宋版印

壬辰　四年
春正月帝如東萊
二月雍縣無雲如雷者三隕石二黑如黳（說文黳小黑子）
三月帝耕于鉅定（澤名在泰山東）還泰山罷方士候神人者
夏六月還宮以田千秋爲丞相富民侯

族滅江充家

以趙過爲搜粟都尉

癸巳　後元元年
春祠泰畤
夏六月
秋七月地震
殺鉤弋夫人趙氏

侍中僕射馬何羅反伏誅（何羅江充黨）

鉤弋夫人生子弗陵年方七歲多智帝奇而愛之欲立爲太子恐子少母壯將來與政禍如呂后故先殺之

甲午二年

春二月帝如五柞宮

立弗陵爲皇太子以霍光金日磾上官桀受遺詔輔之

帝崩太子弗陵卽位姊鄂長公主共養省中光日磾桀共領尚書事

三月葬茂陵西安府興平縣東北十七里

秋追尊鉤弋夫人爲皇太后起雲陵在西安府涇陽縣西北十里甘泉山

冬

匈奴入寇朔方遣左將軍上官桀行北邊

乙未	孝昭皇帝 始元元年 夏 秋七月大雨至十月 以雋不疑爲京兆尹 九月遣使行郡國問民疾苦 舉賢良	燕王旦謀反赦弗治黨與皆伏誅	車騎將軍秺侯金日磾卒	益州夷反擊破之
丙申	二年 春正月 秋詔所貸勿收責除今年田租 武帝征斂百端經用不足昭帝即位一年乃能全免天下今年田租亦在于人而已		封大將軍霍光博陸侯	匈奴狐鹿姑單于死子壺衍鞮單于立
丁酉	三年			

冬十月遣祠鳳凰于東海

霍光一開其端而宣帝以鳳凰書者六

戊戌 四年

春三月立婕妤上官氏爲皇后

初霍光女爲上官桀子安妻生女甫五歲欲因光納之宮中光以尚幼不聽安說蓋長公主私近子客丁外人言于長公主召安女入爲婕妤遂立爲后

以上官安爲車騎將軍

西南夷復反

己亥 五年

春正月男子成方遂詣闕詐稱衛太子伏誅

男子本夏陽人姓成名方遂有故太子舍人謂其狀貌似衛太子遂利其言詣闕詐被雋不疑叱吏收縛送詔獄廷尉按驗

罷儋耳真番郡

珍倣宋版印

竟得姦詐坐誣罔腰斬

庚子 六年

春詔問賢良文學民間疾苦

秋七月罷榷酤官

蘇武還自匈奴以為典屬國

辛丑 元鳳元年

春三月徵有行義者韓福等至長安賜帛遣歸

秋七月晦日食既

八月

鄂長公主燕王旦上官桀安等謀反皆伏誅

冬

武都氐反遣兵擊之

以韓延壽為諫議大夫

匈奴入寇邊兵追擊之獲甌脫王

以張安世為右將軍

杜延年為太僕

壬寅 二年				
癸卯 三年	春正月泰山石立上林僵柳復起生 冬			遼東烏桓反遣范明友將兵擊之
甲辰 四年	春正月帝冠 丞相千秋卒 二月以王訢爲丞相 夏五月孝文廟正殿火帝素服遣使作治		田千秋卒	遣使誘樓蘭王安歸殺之（使傅介子也既殺樓蘭王立其弟在漢者尉屠耆爲王更名其國曰鄯善）
乙巳 五年				

珍倣宋版印

冬十二月丞相訢卒

丙午 六年

冬十一月以楊敞爲丞相

丁未 元平元年

春二月減口賦錢什三

口賦錢漢儀注民年七歲至十四出口賦每人二十三錢二十錢以食天子其三錢者武帝加以補車騎

有流星大如月衆星皆隨西行

夏四月帝崩大將軍光承皇后詔迎昌邑王賀詣長安

六月入卽位尊皇后曰皇太后

帝崩無嗣時武帝子獨有廣陵王胥以行失道不可以承宗廟

王訢卒

光卽日承皇后詔迎立昌邑哀王髆之子賀卽位

葬平陵 西安府咸陽縣東北三十里

昌邑王有罪大將軍光率羣臣奏太后廢之

初昌邑王任縱王吉龔遂等屢諫不聽至是卽位淫戲無度光憂之大司農田延年勸光行伊尹放太甲故事光從之與將軍張安世等白太后廢賀送至昌邑邸遂迎病已卽位病已者武帝曾孫衛太子據之孫史皇孫進之子衛太子遭巫蠱事其妃妾男女皆繫獄中惟病已賴故廷尉監丙吉陰護之得赦免吉聞病已之母史良娣有母魯國史氏乃載皇孫病已付之時暴室嗇夫許廣漢有女掖庭令張賀爲聘之皇曾孫因依倚廣漢兄弟及史氏具知閭里姦邪吏治得失吉言于光光乃奏曰武帝曾孫年已十八節儉慈愛可以嗣位遂立之是爲孝宣皇帝

更名詢

秋七月迎武帝曾孫病已音矣入卽位尊皇太后曰太皇太后

丞相楊敞卒以蔡義爲丞相

冬十一月立皇后許氏卽許廣漢之女也

太皇太后歸長樂宮初置屯衛

中宗孝宣皇帝

名病已改名詢武帝曾孫太子據孫在位二十五年壽四十三歲

戊申

本始元年

楊敞卒

春大將軍光請歸政不受
夏追諡戾太子戾夫人悼考
悼后置園邑

己酉
二年
春尊孝武皇帝爲世宗所幸
郡國皆立廟
夏

召黃霸爲廷尉正

大司農田延年有罪
自殺

遣將軍田廣明將兵
及常惠等護烏孫兵
擊匈奴

初武帝以江都王建女細君爲公主嫁烏孫死復以楚王戊之孫解憂爲公主妻岑陬岑陬胡婦子泥靡尚小岑陬且死以國與季父大祿子翁歸靡曰泥靡大以國歸之翁歸靡立號肥王復尚楚主生元貴靡及昆彌上書今匈奴連發兵擊烏孫欲隔絶漢願發兵擊匈奴唯天子出兵救之于是遣田廣明等五將軍十六萬騎以常惠爲校尉持節護烏孫兵擊匈奴

庚戌 三年

春正月大將軍光妻顯弒皇后許氏

光夫人欲納女爲后會許皇后當娠病使女醫淳于衍投毒藥后崩光知之不敢發遂納女爲后光卒其子禹及其兄孫山與政霍氏權益重帝不能平又頗聞毒殺后事于是去其兵權禹遂欲廢帝自立事覺霍氏族誅幷廢皇后后遂自殺

夏五月

六月丞相義卒以韋賢爲丞相

以趙廣漢爲京兆尹

田廣明有罪下吏自殺封常惠爲長羅侯

蔡義卒

辛亥 四年

漢宣帝本始四年

春三月立大將軍光女爲皇后
四月郡國四十九地震山崩二郡壞祖宗廟大異也帝素服避殿詔問經學及舉賢良方正之士
五月鳳凰集北海

壬子 地節元年
春有星孛于西方
冬十二月晦日食
以于定國爲廷尉

癸丑 二年
春三月

以夏侯勝爲諫議大夫黃霸爲揚州刺史

于定國爲廷尉

以霍禹爲右將軍
大司馬大將軍博陸侯霍光卒諡曰宣成

匈奴壺衍鞮單于死弟虛閭權渠單于立

紀年	紀事		官職
	夏四月鳳凰集魯		以張安世爲大司馬車騎將軍領尚書事 以霍山領尚書事
甲寅 三年	春三月		賜膠東相王成爵關內侯
	夏四月立子奭爲皇太子		
	五月丞相賢致仕		
	六月以魏相爲丞相 大雨雹		以疏廣爲太子太傅兄子受爲少傅以蕭望之爲謁者
	秋九月		以張安世爲衞將軍諸軍皆屬以霍禹爲大司馬罷其屯兵
乙卯 四年			

春二月賜外祖母號爲博平君

綱目書外氏號三博平新野唐魯國夫人

詔有大父母父母喪者勿繇

夏五月山陽濟陰雨雹殺人

大如雞子深二尺五寸

詔自今子匿父母妻匿夫孫匿大父母皆勿治

秋七月霍氏謀反伏誅夷其族皇后霍氏廢

九月

丙辰

元康元年

霍氏謀反伏誅夷其族

以朱邑爲大司農以龔遂爲水衡都尉

珍倣宋版印

春正月初作杜陵
夏五月追尊悼考爲皇考立寢廟
殺京兆尹趙廣漢

以蕭望之爲平原太守復徵入守少府
以尹翁歸爲右扶風

沙車叛衞候馮奉世矯發諸國兵擊破之

丁巳 二年
春二月立婕妤王氏爲皇后
帝更名詢

以蕭望之爲左馮翊

戊午 三年
春三月封故昌邑王爲海昏侯

封丙吉等爲列侯
故人阿保賜物有差

夏六月以黃霸守京兆尹尋罷歸潁川太守

立子欽爲淮陽王

疏廣疏受請老賜金遣歸

己未 四年
春正月詔年八十以上非誣

衞將軍大司馬富平

漢宣帝元康四年

告殺傷人勿坐
求高祖功臣子孫失侯者
賜金復其家

庚申 神爵元年 神爵大如鶉爵色有五采前年見長樂宮故改元神爵

春正月帝如甘泉郊泰畤
三月如河東祠后土遣諫大夫王襃求金馬碧雞之神
夏六月有星孛于東方
秋七月以張敞爲京兆尹

辛酉 二年

侯張安世卒 諡曰敬
以韋元成爲河南太守

遣諫大夫王襃求金馬碧雞之神
諫大夫王吉謝病歸 以諫大夫求碧雞之神已失其職此又謝病歸其爲中興之累多矣

先零羌楊玉叛遣趙充國將兵擊之留充國屯田湟中

珍倣宋版印

春二月鳳皇甘露降集京師

赦

夏五月

秋九月

壬戌 三年

春三月丞相魏相卒以丙吉爲丞相

秋七月

趙充國振旅而還秋羌斬楊玉以降置金城屬國以處之

司隸校尉蓋寬饒自剄北闕下

匈奴虛閭權渠單于死握衍朐鞮單于立日逐王先賢撣來降撣音纏烏孫昆彌翁歸靡死狂王泥靡立

魏相卒

以蕭望之爲御史大夫

以韓延壽爲左馮翊

癸亥 四年

夏四月

冬十月鳳皇集杜陵

賜潁川太守黃霸爵關內侯

甲子 五鳳元年

秋

冬十二月朔日食

殺左馮翊韓延壽

匈奴亂五單于爭立 匈奴握衍朐鞮單于暴虐好殺伐國中不附烏禪幕及左地貴人共立稽侯狦爲呼韓邪單于發兵西擊握衍朐鞮握衍朐鞮敗走自殺握衍朐鞮弟右賢王立日逐王薄胥堂爲屠耆單于呼揭王自立爲呼揭單于右奧鞬王自立爲車犂單于烏藉都尉亦自立爲烏藉單于凡五單于爭立

珍倣宋版印

年	紀		相	外
乙丑 二年 秋八月			左遷蕭望之爲太子太傅	匈奴呼韓邪單于擊殺屠耆單于呼屠吾斯自立爲郅支單于 呼屠吾斯呼韓之兄也
丙寅 三年 春正月丞相博陽侯丙吉卒 以黃霸爲丞相 三月減天下口錢			丙吉卒	
丁卯 四年 春初置常平倉 從耿壽昌之奏也 夏四月朔日食			殺故平通侯楊惲	匈奴呼韓邪單于稱臣遣弟入侍減戍卒什二 匈奴郅支單于攻呼韓邪單于走之遂都單于庭

戊辰	甘露元年 春免京兆尹張敞官復以為冀州刺史 夏四月黃龍見 太上皇太宗廟火帝素服五日		以韋元成為淮陽中尉	匈奴呼韓邪郅支兩單于皆遣子入侍 烏孫國亂遣使分立兩昆彌
己巳	二年 春正月赦減民算三十		營平侯趙充國卒 謚曰壯	匈奴款塞請朝
庚午	三年 春正月畫功臣于麒麟閣 博陸侯霍其次張安世韓增趙充國魏相丙吉杜延年劉德梁邱賀蕭望之蘇武凡十一人 鳳凰集新蔡		黃霸卒	匈奴呼韓邪單于來朝還居幕南塞下 自是烏孫以西至安息諸國近匈奴者咸尊漢矣 烏孫公主來歸 後二歲卒

珍倣宋版印

漢宣帝甘露四年

辛未　四年

冬

丞相霸卒以于定國爲丞相

詔諸儒講五經異同于石渠閣

上親稱制臨決立梁丘易夏侯尚書穀梁春秋博士

皇孫驁生

皇太子所幸司馬良娣死太子不樂帝令皇后擇後宮家人子得元城王政君送太子宮政君故繡衣御史賀之孫女也是歲生成帝于甲館畫堂爲世適皇孫帝愛之自名曰驁字太孫常置左右

匈奴兩單于俱遣使朝獻

壬申

黃龍元年

春三月有星孛于王良閣道入紫微宮

帝寢疾以史高蕭望之周堪受遺詔輔政領尚書事

冬十二月帝崩

太子奭即位尊皇太后曰太皇太后皇后曰皇太后

太皇太后何昭后上官氏也宣帝即位常尊為太皇太后矣元帝視之則曾祖母也于是復稱太皇太后豈太皇太后之上無以稱之故云爾歟

按宣帝號尚嚴而寬恤之政亦多如詔有大父母父母喪勿繇詔子匿父母妻匿夫孫匿大父母皆勿治詔年八十以上非誣告人勿坐之類謂非惻隱之發乎惜其信鳳皇惑碧雞而揄揚

匈奴呼韓邪單于來朝郅支徙居堅昆

堅昆乃西域國名在伊吾西焉耆北唐初號結骨唐末改號黠戛斯

珍倣宋版印

韓之死不免書殺此綱目所以責賢者之備也

孝元皇帝

名奭宣帝子在位十六年壽四十三歲

癸酉

初元元年

春正月葬杜陵西安府城東南十五里

赦

三月立倢伃王氏為皇后

按唐高宗永徽五年書立太宗才人武氏為昭儀以著高宗聚麀之醜而唐詔謂事同政君據甘露三年書皇孫驁生分注帝令皇后擇後宮家人子得元城王政君送太子宮至是生成帝則此上當先書以宣帝宮人王氏為倢伃

秋九月關東大水饑

以貢禹為諫大夫

置戊己校尉屯田車師故地

甲乙八千皆有正位惟戊己寄治耳今所置校尉亦無常居故名焉

御批
宦寺爲害烈主皆愼不始以微之制而之以禄及以授遂事恣至如横石宏作顯敢威于福擅恭肆驕横之爵寵易爲于能人最之戕

甲戌 二年
春正月隴西地震
夏四月立子驁爲皇太子
關東饑
秋七月地復震
冬十二月蕭望之自殺以宦者石顯爲中書令

賜蕭望之爵關內侯給事中朝朔望

乙亥 三年
夏赦〇旱

丙子 四年
春三月帝如河東祠后土

丁丑 五年
春正月以周子南君爲周承休侯

害大臣而毫無忌憚之心易曰童牛之牿豶豕之牙當防之于未然也

三月帝如雍祠五畤
四月有星孛于參
六月

以貢禹爲御史大夫

匈奴郅支單于殺漢使者西走康居

戊寅 永光元年
春郊泰畤
三月雨雪隕霜殺桑
秋丞相定國罷

匈奴呼韓邪單于北歸庭

己卯 二年
春二月以韋玄成爲丞相
三月朔日食
夏六月
秋七月

以匡衡爲光祿大夫

隴西羌反遣馮奉世將兵擊破之

庚辰 三年 春三月 冬十一月地震雨水	立子康爲濟陽王		
辛巳 四年 夏六月晦日食 冬十月罷祖宗廟在郡國者 作初陵不置邑徙民			
壬午 五年 冬十二月毀太上皇孝惠帝寢廟園從韋玄成之議也 河決		以匡衡爲太子少傅	
癸未 建昭元年 春正月隕石于梁 罷孝文太后寢祠園			

珍倣宋版印

甲申 二年
夏六月
秋
閏八月太皇太后上官氏崩
冬齊楚地震大雨雪

立子輿爲信都王

殺魏郡太守京房

乙酉 三年
夏六月丞相玄成卒
秋七月以匡衡爲丞相
冬

韋玄成卒

西域副校尉陳湯矯制發兵與都護甘延壽襲擊匈奴郅支單于於康居斬之傳首至京師縣蠻街十日（蠻街在長安城南門內蠻街舊有蠻夷邸若今鴻臚館）

丙戌 四年

夏六月藍田地震山崩壅霸水安陵岸崩壅涇水逆流

丁亥 五年

夏六月晦日食

秋七月復諸寢廟園 上疾久不平以爲祖宗譴怒故復之

徙濟陽王康爲山陽王

戊子 竟寧元年

春正月

匈奴呼韓邪單于來朝 呼韓邪聞郅支既誅且喜且懼入朝自言願壻漢氏以自親帝以後宮良家子王嬙字昭君賜之

三月

夏五月帝崩

以召信臣爲少府

復罷諸寢廟園 匡衡之奏也

六月太子驁即位

尊皇太后曰太皇太后皇后曰皇太后

秋七月葬渭陵 西安府咸陽縣東北一十二里

孝成皇帝 名驁元帝子在位二十六年壽四十五歲

己丑 建始元年

春正月有星孛于營室

以元舅王鳳爲大司馬大將軍領尚書事 王氏之篡始此矣

石顯以罪免歸道死

封舅王崇爲安成侯

賜譚商立根逢時爵關內侯 譚商立根逢時五舅之名平阿侯王

夏四月黃霧四塞

秋八月有兩月相承晨見東方

晉書有三日相承東行愍帝建興二年　晉穆帝升平元年秦太史奏夜三月並出不書

冬作南北郊罷甘泉汾陰祠

從匡衡之請也

庚寅　二年

春正月罷雍五畤

從匡衡之請也

始親祠南郊減天下賦錢

算四十

三月始祠后土于北郊

譚成都侯王商紅陽侯王立曲陽侯王根高平侯王逢時

立皇后許氏（車騎將軍嘉之女也）

夏大旱

匈奴呼韓邪單于死子復株絫若鞮單于立

辛卯 三年

秋八月

冬十二月朔日食夜地震未央宮殿中詔舉直言極諫之士（食震同日且震在殿中異甚）

越嶲山崩

丞相匡衡有罪免爲庶人

策免車騎將軍許嘉（上欲專任王鳳故策免許嘉）

壬辰 四年

春正月隕石于亳四于肥纍二兩地同月而隕異甚

以王商爲丞相

夏四月雨雪復召直言極諫之士詣白虎殿對策

秋桃李實○河決

以王尊爲京兆尹

癸巳 河平元年

夏四月晦日食詔百官陳過失

秋復太上皇寢廟園

甲午 二年

春正月沛郡鐵官冶鐵飛

王尊爲京兆尹尊涿郡高陽人

匈奴遣使朝獻

珍倣宋版印

御批

自古外戚之禍莫甚于漢由王氏相繼秉政根深蔕固加以莽賊承之諸父襲勢包藏禍心卒成纂竊非一朝一夕之故也履霜堅冰成哀之世昧斯義矣

夏楚國雨雹大如斧

免京兆尹王尊官復以爲徐州刺史

徙山陽王康爲定陶王

悉封諸舅爲列侯

西夷相攻以陳立爲牂牁太守討平之 夜郎王興鉤町王禹漏臥侯俞更舉兵相攻

乙未 三年

春正月

二月犍爲地震山崩壅江水逆流

秋八月晦日食○求遺書

河復決

楚王囂來朝 宣帝子上叔父也

丙申 四年

春正月

三月朔日食

夏四月詔收丞相商印綬商以憂卒

匈奴單于來朝

以張禹爲丞相
山陽火生石中
詔改明年元曰陽朔

罽賓遣使來朝獻

丁酉　陽朔元年
春二月晦日食
冬下京兆尹王章獄殺之

以薛宣爲左馮翊

戊戌　二年
夏四月
秋

定陶王康卒
徙信都王興爲中山王

以王音爲御史大夫

己亥　三年
春三月隕石東郡八
秋八月

大將軍鳳卒

珍倣宋版印

年	紀事		任免	
	九月		以王音爲大司馬車騎將軍詔王譚位特進領城門兵	
庚子	四年 夏四月雨雪		以王駿爲京兆尹 駿瑯琊皐虞人	
辛丑	鴻嘉元年 春正月 二月更以新豐戲鄉爲昌陵縣奉初陵 帝始爲微行 上常從期門郎或小奴或乘小車或皆騎出入市里郊野遠至旁縣鬭雞走狗常自稱富平侯家人富平侯者侍中張放也寵幸無比故假稱之		以薛宣爲御史大夫	

三月丞相禹罷以薛宣爲丞相

薛宣爲丞相

匈奴復株累若鞮單于死弟搜諧若鞮單于立

壬寅 二年

春三月飛雉集未央宮承明殿

夏徙郡國豪傑于昌陵

五月隕石于杜郵三

癸卯 三年

夏大旱

王氏五侯有罪詣闕謝赦不誅

冬十一月廢皇后許氏 爲趙飛燕故也

甲辰 四年

珍倣宋版印

秋河水溢

冬

乙巳 永始元年

夏五月

六月立倢伃趙氏爲皇后

趙飛燕也

秋七月詔罷昌陵反故陵勿徙吏民

昌陵制度奢侈劉向疏曰孝文皇帝嘗美石椁之固張釋之曰使其中有可欲雖錮南山猶有隙邱壠彌高發掘必速帝乃詔罷昌陵

八月太皇太后王氏崩

九月黑龍見東萊是月晦日食

王譚卒詔王商位特進領城門兵

封太后弟子莽爲新都侯

丙午　二年

春正月

二月星隕如雨是月晦日食

三月

冬十一月策免丞相宣以翟方進爲丞相

大司馬車騎將軍王音卒王氏惟音有忠直節

以王商爲大司馬衛將軍

以孔光爲御史大夫

丁未　三年

春正月晦日食

冬十月復泰畤汾陰五畤陳寶祠

戊申　四年

春正月帝如甘泉郊泰畤

三月如河東祠后土

夏大旱

秋七月晦日食
以何武爲京兆尹

己酉 元延元年
春正月朔日食
夏四月無雲而雷有流星東南行四面如雨
秋七月有星孛于東井
冬十二月

有司奏梁王立有罪寢不治

大司馬衛將軍商卒以王根爲大司馬驃騎將軍王商薨紅陽侯立次當輔政先是立使客于南郡占墾草田數百頃以入縣官而貴取其直一萬萬以上爲吏所發上由是廢之而用其弟根

故槐里令朱雲言事得罪既而釋之雲見帝曰願賜上方斬馬劍斷佞臣

匈奴搜諧若鞮單于死弟車牙若鞮單于立

庚戌 二年

夏四月

一人頭（指張禹也）以厲其餘帝大怒曰小臣廷辱師傅罪死不赦御史將雲下雲攀殿檻檻折辛慶忌力救乃免後治檻帝曰勿治因而輯之以旌直臣

左將軍辛慶忌卒

遣中郎將段會宗誅烏孫太子番邱康居遣子貢獻

初烏孫小昆彌安日爲降民所殺詔立安日弟末振將爲小昆彌時大昆彌雌栗靡勇健末振將恐爲所并使人刺殺之立公主孫伊秩靡爲大昆彌久之鈕侯難栖殺末振將安日子安犂靡代爲小昆彌上遣中郎將段會宗將兵誅末振將太子番邱至昆彌所在召番邱責以末振將之罪即手劍擊殺之

辛亥 三年 春正月岷山崩雍江三日江水竭 秋帝校獵長楊射熊館 按成帝繼統至是二十三載而星隕日食雨雹地震災異紛紛在漢世爲特甚然未聞有所謂恐懼修省者今此上書山崩江竭下書校獵長楊帝之所以應天如此是以末年熒惑守心之變綱目亦削而不書所以著其忽天之實也		
壬子 四年 春正月隕石于關東二	中山王興定陶王欣來朝	
癸丑 綏和元年 春二月立定陶王欣爲皇太子		

漢成帝綏和元年

封孔吉爲殷紹嘉侯三月
與周承休侯皆進爵爲公
夏建三公官
秋八月
冬十月
十一月廢后許氏自殺
詔立辟雍未作而罷

甲寅　二年
春二月丞相方進卒
三月帝崩
以孔光爲丞相
太后詔罷泰畤汾陰祠復
南北郊
夏四月太子欣卽位

中山王興卒

立楚孝王孫景爲定陶王

大司馬根去將軍號

大司馬根病免

以王莽爲大司馬

翟方進卒

匈奴車牙若鞮死弟烏珠留若鞮單于立

太子去年巳正儲極而三月帝崩四月即位曠月無君者何意者王氏擅朝政柄有屬是以罷時復郊綱目特揭太后之詔夫禮莫重于祭祭莫重于郊國嗣未立太后以一婦人舉行其典尙謂知所本乎漢室之亡又何待莽之簒而後見哉

尊皇太后曰太皇太后皇后曰皇太后

葬延陵西安府咸陽縣西北一十五里

追尊定陶共王爲定陶共皇

五月立皇后傅氏

尊定陶太后傅氏曰定陶共皇太后丁姬曰定陶共皇后

詔劉秀典領五經

益封河間王良萬戶惠王良能修獻王之行母太后薨服喪如禮故益封以爲宗室儀表 封丁明傅晏皆爲列侯

秋七月

九月地震

詔定世宗爲不毀之廟

冬十月

詔還陳湯長安

罷大司馬莽就第以師丹爲大司馬遣曲陽侯王根就國成都侯王況爲庶人

策免大司空武遣就國以師丹爲大司空

孝哀皇帝

名欣定陶王子成帝取爲子在位六年壽二十五歲

乙卯 建平元年

春正月隕石于北地十六

北地郡屬雍州今寧州涇州慶陽府地

秋九月隕石于虞二

冬十月中山王太后馮氏自殺（中山王箕子之祖母也）

虞在梁國今宋州之虞城縣卽古虞國也

以朱博爲大司空

丙辰 二年

春正月有星孛于牽牛

夏策免丞相孔光爲庶人以朱博爲丞相

免師丹爲庶人遣新都侯王莽就國

詔共皇去定陶之號立廟京師尊共皇太后傅氏爲帝太太后共皇后丁氏爲帝太后

六月太后丁氏崩

大赦改元太初更號陳聖劉太平皇帝

陳本舜後莽自稱舜之後故謬語以明當篡立也 待詔黃門夏賀良言漢曆中衰當更受命宜急改元易號上久寢疾冀其有益故從其議

秋七月詔以永陵亭部爲初陵勿徙民

八月詔罷改元易號事夏賀良等伏誅

丞相博有罪自殺

冬十月以平當爲丞相

朱博自殺

丁巳 三年

春正月丞相當卒

有星孛于河鼓

夏四月以王嘉爲丞相

冬十一月復泰畤汾陰祠罷南北郊

東平王雲坐祠祭祝詛自殺

平當卒

無鹽危山土起瓠山石立

戊午 四年

春正月大旱

夏六月尊帝太太后傅氏爲皇太太后

己未 元壽元年

春正月朔日食

皇太太后傅氏崩合葬渭陵號孝元傅皇后

下丞相王嘉獄殺之

秋七月復以孔光爲丞相

冬十二月

封傅商爲汝昌侯

諫大夫鮑宣上書宣渤海高城人

匈奴單于上書請朝

以諫大夫鮑宣爲司隸

下王嘉獄殺之

下司隸鮑宣獄髡鉗之

以董賢爲大司馬衛將軍

庚申 二年

春正月

夏四月晦日食

五月正三公分職以董賢爲大司馬孔光爲大司徒彭宣爲大司空

六月帝崩

秋七月迎中山王箕子爲嗣

太皇太后與莽定議遣王舜持節迎之

貶皇太后爲孝成皇后

莽白太皇太后詔有司以皇太后前與女弟昭儀專寵錮寢殘滅繼嗣貶之徙居北宮

遣紅陽侯王立就國

董賢以罪罷即日自殺

太皇太后以王莽爲大司馬領尚書事

匈奴單于烏孫大昆彌來朝

徙孝哀皇后于桂宮追貶傅太后爲定陶共王母太后爲丁姬 八月廢孝成孝哀皇后就其園皆自殺 九月中山王箕子卽位時年九歲 太皇太后臨朝大司馬莽秉政百官總己以聽		策免大司空彭宣遣就國宣以莽專權乞歸 以王崇爲大司空 以孔光爲帝太傅馬宮爲大司徒宮東海戚人
冬十月葬義陵西安府咸陽縣西八里		
孝平皇帝名箕子改名衎元帝庶孫在位五年壽十四歲		
辛酉 元始元年		

漢平帝元始元年

春正月

夏五月朔日食

拜帝母衛姬爲中山孝王后使不得至京師也

封公子寬爲褒魯侯孔均爲褒成侯以奉周公孔子之祀○寬魯頃公之後均孔子十六世孫

壬戌 二年

春帝更名衎詔封宗室及功臣後爲王侯者百有餘人

隕石于鉅鹿二

秋九月晦日食

立東平王開明立中山王成都封宣帝耳孫三十六人爲列侯

以王莽爲太傅號安漢公

益州塞外蠻夷獻白雉

黃支國南海中地獻犀牛皆莽賂之使來也

匈奴單于遣女入侍太皇太后

癸亥 三年

春聘安漢公女爲皇后

夏

安漢公殺其子宇滅中山孝王后家殺敬武公主及何武鮑宣等數百人

女卽王昭君女須卜居次云也莽悅太后故風單于令遣之來也○須卜虜複姓居次云其名也

甲子 四年

春正月郊祀高祖以配天宗祀孝文以配上帝改殷紹嘉公曰宋公周承休公曰鄭公

二月遣大司徒宮等迎皇后入未央宮

安漢公自加號宰衡升宰衡位在諸侯王

皇后書聘書迎莽女一人而已

尊孝宣廟爲中宗孝元廟爲高宗

上

乙丑 五年

春祫祭明堂復南北郊 三十餘年天地之祠凡五徙

夏五月發定陶共王母及丁姬冢取其璽綬 莽之奏也

冬十二月安漢公莽進毒弑帝 帝益壯以衛后故怨不悅莽因臘日上椒酒置毒酒中帝崩

太皇太后詔徵宣帝玄孫

又詔安漢公莽居攝踐阼 太后與羣臣議立嗣時元帝世絕而宣帝曾孫有見王者五人

安漢公莽自加九錫

珍倣宋版印

列侯四十八人莽惡其長大曰兄弟不得相爲後乃悉徵宣帝元孫選立之時值前煇光謝囂奏浚井得白石有丹書文曰告安漢公莽爲皇帝太后力不能制乃下詔曰已徵孝宣皇帝玄孫以嗣孝平皇帝之後但年在襁褓孰能安之令安漢公居攝踐阼如周公故事

丙寅

孺子嬰居攝元年

春正月立宣帝玄孫嬰爲皇太子號孺子

嬰廣戚侯勳之孫顯之子也年二歲

尊皇后曰皇太后

夏四月安衆侯劉崇起兵討莽不克死之

五月太皇太后詔莽朝見稱假皇帝

西羌反

龐恬等怨莽奪其地

丁卯 二年

秋九月東郡太守翟義起兵討莽立劉信爲天子三輔豪傑起應莽遣兵拒之義戰不克死信亦亡走 信嚴鄉侯義汝南上蔡人

戊辰 初始元年

秋九月

冬十一月太皇太后詔莽號令奏事毋言攝 此莽奏請也

十二月莽更號太皇太后爲新室文母太皇太后

莽母功顯君死 莽自以居攝踐阼奉漢大宗之後爲功顯君緦衰弁而加麻環絰如天子弔諸侯服其不子甚矣

莽自稱新皇帝

按王氏代漢人謂始于杜欽谷永成于張禹孔光終于劉歆而不知始終俱太皇太后有以成之也以莽爲大司馬者太母也詔莽居攝踐阼者太母也詔莽毋假皇帝詔莽號令奏事毋言攝者亦皆太母也莽之爲姦飾詐行脅制之術元后固無如之何然非賴其主于內亦何肆其謀哉至于改號即眞乃始惓惓于一璽而不忍與蓋已晚矣

己巳

纂統

新莽始建國元年

莽廢孺子爲定安公孝平皇后爲定安太后

莽策命孺子爲定安公封以萬戶地

方百里立漢祖宗之廟于其國焉與周並行其正朔服色以孝平皇后爲定安太后讀策畢中傅將孺子下殿北面稱臣百僚陪位莫不感動定安第置門衛使者監領敕阿乳母不得與語常在四壁中至長大不能名六畜

改諸官名降漢諸侯王皆爲公王子侯皆爲子立九廟以漢高廟爲文祖廟禁剛卯金刀

夏四月

徐鄉侯劉快起

秋

兵討莽不克死之
莽遣五威帥班符命更印綬

庚午

春二月

冬

二年

莽廢漢諸侯王爲民
莽罷漢廟及諸劉爲吏者
更號定安太后曰黃皇室主
太后年未二十自劉氏廢常稱疾不朝會莽欲嫁之乃更號曰黃皇室主欲絕之于漢也

莽改匈奴單于爲降奴服于

辛未

三年

莽迎龔勝爲太子師友祭酒勝不食而死

匈奴分道入塞殺守尉略吏民州郡兵起

莽遣將多齎珍寶至雲中塞下招誘呼韓邪單于諸子右犂汗王咸咸子助登三人至則脅拜咸爲孝單于貺爲順單于皆厚加賞賜咸走出塞傳送助登長安後助病死以登代之單于聞之怒曰先單于受漢宣帝恩重不可負也今天子非宣帝子孫何以得立遣兵入雲中塞殺守尉略吏民畜產不可勝數匈奴不曰入寇而曰入塞不曰盜起而曰兵起以莽即寇也盜也

壬申

四年

春

莽殺匈奴順單于登

西南夷殺牂柯大尹

貉人入邊

珍倣宋版印

新莽

癸酉	甲戌	乙亥
春二月	春三月 夏四月 六月 秋七月	春
五年 太皇太后王氏崩	天鳳元年 晦日食 隕霜殺草木 黃霧四塞 大風雨雹人相食	二年
匈奴烏珠留單于死烏累若鞮單于咸立 匈奴用事大臣須卜當常欲與中國和親見咸爲莽所拜乃越次立之		莽改匈奴單于曰恭奴善于

丙子

春二月

秋七月

三年

地震

大雨雪 雪深一丈竹柏或枯

長平岸崩壅涇水

晦食日

莽遣五威將王駿出西域焉耆襲殺之

丁丑

夏六月

四年

莽更授諸侯茅土于明堂

臨淮琅琊及荊州綠林兵起

臨淮瓜田儀等依阻會稽長洲琅琊呂母聚黨殺海曲宰入海爲盜荊州飢饉民相侵奪新市人王匡王鳳爲平理爭訟遂推爲渠帥諸亡命者馬武王常成丹等皆往從之藏于綠林

珍倣宋版印

干支	新莽	紀事		起兵	外國
				山中數月間至七八千人○瓜田乃姓儀名也	
戊寅 春	五年	北軍南門災　莽孫宗自殺		琅琊樊崇兵起　琅琊樊崇起兵于莒郡盜樊崇以猛勇皆附之一歲間至萬餘人逢安徐宣謝祿楊音各起兵從崇轉掠青徐間○更始入洛陽崇留兵濮陽與其徒詣洛陽降更始政亂崇士歸濮陽復叛將兵入潁川分爲二部一自武剛一從陸渾而西俱會于弘農至鄭立劉盆子爲帝遂入長安	匈奴烏累單于死弟呼都而尸道皋若鞮單于輿立
己卯 春	六年				莽立須卜當爲單于大募兵擊匈奴
庚辰	地皇元年				

秋七月

大風毀莽王路堂

辛巳

春正月

二年

莽妻死

太子臨謀殺莽事覺自殺

書莽殺其子宇矣又書莽孫宗自殺矣于是復書太子臨謀殺莽自殺所以著其篡逆之應爲世戒也

壬午

春二月

夏四月

三年

關東饑人相食

蝗飛蔽天

流民入關者數

樊崇兵自號赤眉莽遣王匡廉丹擊之

珍倣宋版印

秋七月

十萬人

漢宗室劉縯及弟秀起兵舂陵興復漢室新市平林兵皆附之

初長沙定王發生舂陵節侯買買生戴侯熊渠熊渠生孝侯仁仁以南方卑溼徙封南陽之白水鄉與宗族往家焉仁卒子敞嗣值莽篡位國除節侯少子外生鬱林太守外生鉅鹿都尉回回生南頓令欽欽取湖陽樊重女生三男縯仲秀縯性剛毅慷慨有

荊州平林兵起

新市王匡等進攻隨平林人陳牧廖湛復聚衆千餘人號平林兵以應之

赤眉破廉丹誅之

崇恐其衆與莽兵亂乃皆朱眉以相識別由是號曰赤眉

綠林兵分爲下江新市兵莽遣其將軍嚴尤陳茂擊之

綠林賊遇疾疫死者過半乃各分散王常等西入南郡號下江兵王匡等北入南陽號新市兵皆自稱將軍

冬十一月

大節常憤憤懷復社稷之慮傾身破產交結天下雄俊秀隆準日角常受尚書長安略通大義性勤稼穡宛人李守好星曆讖記嘗謂其子通曰劉氏當興及新市平林兵起通遣從弟軼往與秀相約結定謀起兵春陵是時縯自發春陵子弟子弟皆亡匿曰伯升殺我及見秀絳衣大冠皆驚曰謹厚者亦復爲之乃稍自安凡得子弟七八千人

漢兵與莽守將甄阜梁邱賜戰不利遂與下江合兵襲取其輜重

不成統

按凡例不成君亦依正統已絕之例稱注云如劉玄雖稱漢帝不成統也

謂仗義承統而不能成功者

癸未

漢帝劉玄更始

玄者何節侯買玄孫也玄不書漢宗室何不以玄並纘也綱目書改元矣曷爲不以紀年大書之不成玄之爲帝也不成玄之爲帝卽不成之爲統也玄何以不成之爲統

玄之不足以君天下也故終玄之世綱目恆斥名之

春正月

攻阜賜誅之又破嚴尤陳茂于淯陽下遂圍宛

二月

新市平林諸將共立更始將軍劉玄爲皇帝大赦改元

春陵戴侯曾孫玄在平林軍中號更始將軍時漢兵已衆而無所統諸將欲立劉氏以從人望南陽豪傑及王常等皆欲立縯而新市平林將帥樂放縱憚縯威名貪玄懦弱先共定策立之然後召縯以示其議縯曰諸將軍幸欲尊立宗室甚厚然赤眉

三月

漢劉玄

起青徐閒聞南陽立宗室赤眉復有所立王莽未滅而宗室相攻是疑天下而自損權非所以破莽也不如且稱王以號令亦足以斬諸將若赤眉所立者賢相率而往從之若無所立破莽降赤眉然後舉尊號未爲晚也諸將皆曰善張卬曰疑事無功今日之議不得有二衆從之二月設壇場于淯水上玄郎皇帝位以劉纘爲大司徒秀爲太常偏將軍由是豪傑失望

劉秀徇昆陽定陵郾皆下之昆陽在南陽府葉縣南郾

夏五月	莽遣王尋王邑會尤茂圍昆陽 莽棘陽長岑彭以宛降漢玄入都之 彭棘陽人鄧州屬	劉秀大破莽兵于昆陽下殺王尋	古郾子國今屬許州
六月	玄殺大司徒劉縯以劉秀爲破虜將軍	劉秀徇潁川馮異以父城五縣降 異父城人汝州東南父城堡	
秋七月		成紀隗囂起兵應漢 成紀隗崔隗義起兵平襄以應漢崔兄子囂素有名好經術崔推爲上將軍囂聘平陵方望以爲軍師望說囂立廟祀高祖太宗世宗稱臣執事數	

漢劉玄

公孫述起兵成都

初茂陵公孫述爲清水長有能名遷導江卒正治臨卭南陽宗成起兵徇漢中以應漢述遣使迎之成等至成都虜掠暴横述見其非義兵乃詐爲漢使拜述將軍兼益州牧擊成殺之而并其衆據成都自立爲蜀王尋稱帝號成家既又北取南鄭南服越嶲東下江州據扞關盡有益州之地光武十二年

莽罪惡擊殺雍州牧及安定太守分遣諸將徇隴西武都及河西諸郡皆下之更始入長安囂遂降仕于更始及長安亂囂走還天水復聚其衆稱西州上將軍據有安定北地天水隴西四郡居冀仍附于漢復叛降公孫述封爲朔寧王光武八年帝自將征囂囂奔西城囂衆降吳漢引兵圍西城囂病餓而卒衆立其子純

冬十月	九月	八月
玄北都洛	玄入長安孝平皇后自焚崩衆共誅莽傳首詣宛 后莽之女也自莽篡漢已易號爲安定太后既又更爲黃皇室主至此特書孝平皇后則其不絕于漢不失爲天下之母不以莽故而沒其實能全大節不辱其身瞭然在目矣	
以劉秀行大司馬事		劉望稱帝于汝南以嚴尤陳茂爲將相玄遣兵擊殺之幷誅尤茂
以彭寵爲漁陽太守		爲吳漢擊殺之其將延岑遂以成都降蜀遂平

漢劉玄

十二月

玄封劉永爲梁王

故梁王立之子都睢陽

遣徇河北

劉賜爲丞相

大司馬秀至河北除莽苛政復漢官名

宛人彭寵亡命漁陽其鄉人韓鴻爲更始使者徇北州乃承制拜寵爲漁陽太守建武二年以漁陽叛攻幽州牧朱浮于薊既而涿郡太守張豐亦叛應寵薊城飢窘尋爲寵所得因自稱爲燕王復攻昭右北平及上谷數縣後爲其奴所斬

樊崇降漢既而逃歸

莽廬江連率李憲據郡稱淮南王

光武三年稱帝置百官擁九城衆十餘萬

王郎稱帝于邯鄲徇下幽冀

初莽時長安中有自稱成帝子子輿者莽殺之邯鄲卜者王郎緣是詐稱真子輿劉林素任俠于趙魏間與趙國大豪李育推稱帝徇下幽冀州郡響應

甲申

春正月

二月

夏四月

二年

玄還都長安

玄立大司馬秀為蕭王

大司馬劉秀北徇薊

竇融為張掖屬國都尉

竇融累世任宦河西知其士俗更始時私謂兄弟曰天下安危未可知張掖屬國帶河為固足以自守此遺種處也乃因趙萌前往吏始以為張掖屬國都尉融以威信撫結五郡條屬又與太守梁統五人等相厚善更始敗乃共推融行河西大將軍事撫定河西嗣聞帝功德乃決策東向遣人奉書詣洛陽帝詔以為涼州牧

大司馬秀以耿弇為長史

大司馬秀以賈復祭遵為將軍

秋

冬

漢劉玄

耿弇以上谷漁陽兵行定郡縣會大司馬秀于廣阿秀以其將寇恂吳漢爲將軍進拔邯鄲斬王郎

蕭王擊銅馬諸賊悉收其衆南徇河內降之

公孫述自稱蜀王

蕭王遣將軍鄧禹將兵入關寇恂守河內馮異拒洛陽自引兵徇燕趙

梁王永據國起兵

初更始立故梁王立之子永爲王都睢陽至是據國起兵攻下二十八城又辟西防賊帥佼彊東海賊帥董憲琅琊賊帥張步皆爲將軍督青徐二

赤眉西攻長安

秦豐據黎丘自號楚黎王

盧芳起安定

安定盧芳自稱武帝曾孫劉文伯與三水屬國羌胡起兵更始入長安使鎮撫安定更始敗三水豪傑共立芳爲上將軍西平王遣使與匈奴西羌相結匈奴乃迎芳入匈奴立

州與之連兵遂專據東方詩稱帝

爲漢帝

歷代統紀表卷之三

歷代統紀表卷之四

偃師段長基述　孫 鼎鑰 鼎鈞 校刊

東漢凡十三傳一百九十六年	同姓王	異姓王	割據 成紀隗囂	淮南李憲	蜀公孫述	赤眉樊崇	三水盧芳	漁陽彭寵	異國王
世祖光武皇帝 名秀字文叔長沙定王發之後復興漢室都洛陽在位三十三年壽六十三歲									
乙酉 建武元年春正月 方望以前定安公嬰稱帝于臨涇玄遣兵擊斬之						赤眉至弘農玄遣兵擊之大敗赤眉進至湖縣			
夏四月					公孫述稱成帝號龍興				
六月蕭王卽皇帝						以劉盆子稱帝			

位改元大赦

王還至中山諸將復上尊號不聽到南平棘復固請之不許耿純馮異又勸之甚切會帝同舍儒生自關中奉赤伏符來詰王曰劉秀發兵捕不道四夷雲集龍鬭野四七之際火爲主羣臣因復奏請乃即位于鄗南

長安亂玄奔新豐

秋七月以鄧禹爲大司徒王梁爲大司空吳漢爲大司馬伏湛爲尚書令

八月玄復入長安

九月封玄爲淮陽王以卓茂爲太傅封褒德侯

冬十月朱鮪以洛陽降帝入都之

十一月

十二月鄧禹承制以隗囂爲西州大將軍

丙戌 二年

春正月朔日食

悉封諸功臣爲列侯

立宗廟郊社於

漢光武建武二年			淮陽王降于赤眉	梁王永稱帝		
成紀					隗囂據天水自稱西州上將軍	
淮南						
蜀						
赤眉		赤眉入長安玄奔高陵			赤眉殺淮陽王	赤眉大掠長安西入安定北地
三水					盧芳據安定自稱西平王匈奴迎之以爲漢帝	漁陽太守彭寵反
漁陽						

洛陽

二月大司空梁罷以宋宏爲大司空

夏四月

六月立貴人郭氏爲皇后子彊爲皇太子

東漢皇后皆自貴人進立序也

封兄縯子章爲太原王興爲魯王淮陽王子三人爲列侯

蓋延擊劉永圍睢陽遣吳漢擊宛宛王賜奉更始妻子來降封侯

	秋八月	九月	冬十二月初復宗室爲莽所絶者 三輔大饑	丁亥 三年 春正月立四親廟于洛陽 祀南頓君以上至舂陵節侯 鄧禹上大司徒印綬以爲右將軍
漢光武建武三年		蓋延克睢陽劉永走湖陵青徐盜張步等降		
				以馮異爲征西大將軍
成紀				
淮南				
蜀				
赤眉		赤眉發掘諸陵復入長安	三輔大饑赤眉東出	馮異大破赤眉于崤底賊衆東走帝勒軍宜陽降之得傳國璽
三水				
漁陽				

劉盆子降帝得傳國璽綬

秦以前以金銀爲方寸璽秦得和氏璧乃以玉爲之李斯書其文曰受命於天既壽永昌號傳國璽漢高定三秦子嬰獻之後王莽簒逆就元后取之莽敗王憲得之李松入長安斬憲取璽送上更始更始奉赤眉赤眉立劉盆子盆子奉上光武

二月

劉盆子及丞相徐宣以下降

劉永立其將軍董憲爲海西王張步爲齊王步執東萊太守殺之伏隆○隆湛之子伏也

珍倣宋版印

三月以伏湛爲大司徒

帝自將征鄧奉

夏四月奉降誅之

五月帝還宮晦日食

秋七月

冬十月帝如春陵祠園廟

十一月帝還宮

戊子 四年

春

彭寵自稱燕王

睢陽人反城迎劉永蓋延引兵圍之

睢陽人斬劉永以降諸將立其子紆復爲梁王

岑彭擊秦豐于鄧破之進圍黎邱

淮南李憲稱帝

鄧禹擊延岑破之岑奔

漢光武建武四年 成紀 淮南 蜀 赤眉 三水 漁陽

夏四月帝如鄴六月還宮

蜀公孫述以爲大司馬

秋七月帝如譙

遣馬武王霸圍紆于垂惠

遣耿弇祭遵討張豐斬之弇遂進擊彭寵

八月帝如壽春

遣將軍馬成擊李憲圍舒

冬十月帝還宮

太傅卓茂卒

隗囂遣馬援奉書入見

十二月帝如黎邱

公孫述遣使招隗囂隗囂斬其使

遣朱祜圍秦豐

己丑 五年

春正月帝還宮

遣來歙送馬援歸隴右

	二月帝如魏郡	夏四月	六月	秋七月	冬十月帝如魯初起太學帝還視之	十一月大司徒伏湛免以侯霸爲大司徒
漢光武建武五年	蘇茂救垂惠馬武王霸擊破之劉紆奔佼彊			佼彊以衆降梁人斬劉紆以降		
	遣使迎上谷太守耿況還京師封牟平侯	竇融遣使奉書入見詔以融爲涼州牧			耿弇拔祝阿濟南臨菑與張步戰大破之步斬蘇茂以降齊地悉平	
成紀						
淮南						
蜀						
赤眉						
三水						
漁陽	彭寵奴斬寵來降夷其族封其奴爲不義侯		秦豐降斬之			

十二月徵處士周黨嚴光王良至京師黨光不屈以王良爲諫議大夫

隗囂遣子入侍帝以囂與馬援來歙相善數使歙援奉使往來勸令入朝許以重爵囂言無功德須四方平定退伏閭里帝復遣來歙說囂遣子入侍囂聞劉永彭寵皆滅乃遣長子恂隨歙詣闕帝以爲胡騎校尉封鐫羌侯鄭興因恂求歸葬父母與妻子俱東馬援亦將家屬隨恂歸洛陽

盧芳入塞掠據五郡

交阯牧鄧讓等遣使貢獻王莽末交阯諸郡閉境自守岑彭素與讓厚善與讓書陳國家威德又遣偏將軍屈充移檄江南班行詔命于是讓與江夏太守侯登武陵太守王堂長沙相韓福桂陽太守張隆零陵太守田翕蒼梧太守杜穆交阯太守錫光等相率遣使貢獻悉封爲列侯錫光者漢中人在

漢光武建武五年	成紀	淮南	蜀	赤眉	三水	漁陽

交阯教夷民以禮義帝復以宛人任延爲九真太守延教民耕種嫁娶故嶺南華封始于二守焉

竇融承制以莎車王康爲西域大都尉元帝之世莎車王延嘗爲侍子京師慕樂中國及王莽之亂匈奴略右西域唯延不肯附屬常敕諸子當世奉漢家不可負也延卒子康立康率旁國拒匈奴

擁衞故都護吏民妻子千餘口檄書河西聞中國動靜竇融乃承制立康爲漢莎車建功懷德王西域大都尉五十五國皆屬焉

庚寅

六年

春

夏四月帝如長安

謁園陵

五月還宮

馮異入朝

吳漢等拔朐斬董憲龐萌山東平

隗囂反使其將王元據隴坻諸將與戰

馬成拔舒斬李憲江淮平

珍倣宋版印

秋九月晦日食

冬十二月大司空宏免

大敗而還

竇融遣弟上書

隗囂遣兵下隴祭遵馮異擊破之隗囂降蜀

馮異擊盧芳匈奴兵破之北地上郡安定皆降

辛卯 七年

春三月

夏五月以李通爲大司空

冬

公孫述立隗囂爲朔寧王

盧芳以事誅五原太守李興兄弟朔方雲中二郡降帝令領職如故

壬辰 八年

漢光武建武八年

成紀　淮南　蜀　赤眉　三水　漁陽

夏閏四月帝自將征囂

潁川盜起秋九月帝還宮自將討平之

帝征隴西自夏徂秋經歷數月至是還宮甫六日一聞潁川盜起卽自將討之其不自暇逸爲何如哉

冬

癸巳 九年

春正月

帝自將征囂以竇融等率五郡兵以從囂衆皆降囂奔西城吳漢引兵圍之

公孫述遣兵救隗囂吳漢引兵下隴

公孫述遣兵救囂

征虜將軍潁陽侯祭遵

隗囂死諸將立其子純

公孫述遣兵陷夷陵據

珍倣宋版印

秋八月

卒于軍詔馮異領其衆

歙率異等討隗純于天水

荊門

甲午 十年

夏

秋八月帝如長安

遂至汧

冬十月帝還宮

征西大將軍陽夏侯馮異卒于軍

來歙等攻破落門隗純降囂將王元奔蜀隴右悉平○徙諸隗于京師以東後隗純與賓客亡入胡至武威捕得誅之

先零羌寇金城來歙擊破之

乙未 十有一年

漢光武建武十一年 成紀 淮南 蜀 赤眉 三水 漁陽

春三月

吳漢會岑彭伐蜀破其浮橋遂入江關

夏六月帝自將征蜀

公孫述遣王元拒河池六月來歙蓋延擊破之述使盜殺來歙詔馬成代之

先零羌反馬援擊破之

秋七月次長安帝還宮

岑彭臧宮大破蜀王元以其衆降

冬十月

公孫述使盜殺岑彭

丙申 十有二年

春正月

吳漢大破蜀兵遂拔廣都

秋九月大司空通罷

冬十一月竇融以五郡太守入朝詔以融爲冀州牧

雍奴侯寇恂卒

公孫述引兵出戰吳漢擊殺之述將延岑以成都降蜀地悉平○按述莽太守也據益州稱帝帝屢作書示禍福述不報帝使吳漢蓋延臧宮岑彭來歙等伐述屢敗之後述迎戰中創死延岑以成都降

盧芳與匈奴烏桓連兵寇邊遣將軍杜茂將兵築亭障以備之

參狼羌寇武都馬援擊破之

丁酉

十有三年

春正月大司徒侯霸卒以韓歆爲大司徒

漢光武建武十三年 成紀 淮南 蜀 赤眉 三水 漁陽

二月以紹嘉公孔安爲宋公承休公姬常爲衛公夏四月大饗將士諸功臣皆增邑更封以竇融爲大司空

諸王皆降爲公侯

盧芳奔匈奴

戊戌 十有四年

沙車鄯善遣使奉獻請置都護不許西域苦匈奴重斂皆願屬漢上以中國新定不許

己亥 十有五年

春正月免大司徒歆歸里自殺以

珍倣宋版印

		庚子
	歐陽歙爲大司徒 夏四月 冬十一月大司徒歙有罪下獄死 以戴涉爲大司徒	十有六年 春二月
漢光武建武十六年	追謚兄縯爲齊武公	
成紀		
淮南		
蜀		
赤眉		
三水	盧芳復入居高柳	
漁陽		
		交趾女子徵側徵貳反交趾麊泠縣雒將女子徵側甚雄勇交趾太守蘇定以法繩之徵側忿怨與妹徵貳反凡略六十五城自立爲王

冬十月

盧芳降立爲代王芳入朝至昌平有詔止更朝明歲

辛丑

十有七年

冬十月廢皇后郭氏立貴人陰氏

爲皇后

帝如章陵

十二月還宮

進右翊公輔爲中山王

以莎車王賢爲漢大將軍以馬援爲伏波將軍討交阯

壬寅

十有八年

春三月帝如河東

祠后土

馬援與徵側徵貳戰大敗之

夏四月帝還宮

五月

癸卯

十有九年

春正月尊孝宣皇帝廟爲中宗始祀元帝以上于太廟成帝以下于長安徙四親廟于章陵

夏六月廢皇太子彊爲東海王立

賜洛陽令董宣錢三十萬

盧芳復反奔匈奴芳自平還內昌疑懼遂復反芳迎匈奴出塞芳留匈中病死奴

馬援斬徵側徵貳

漢光武建武十九年　成紀　淮南　蜀　赤眉　三水　漁陽

東海王陽爲皇太子改名莊

郭后廢太子彊不自安郅惲說太子曰久處疑位上違孝道下近危殆不如辭位奉母太子從之帝不忍數歲乃詔曰東海王陽皇后之子宜承大統太子彊願備藩國父子之情重久違之其封彊爲東海王立陽爲皇太子

秋九月帝如南頓賜復二歲

甲辰二十年

春二月帝還宮

夏四月大司徒涉

下獄死大司空竇融坐免

五月

六月以蔡茂爲大司徒朱浮爲大司空

乙巳 二十有一年

春正月

冬

徙中山王輔爲沛王○輔廢后子也

大司馬廣平侯吳漢卒

匈奴寇上黨天水扶風

烏桓與匈奴鮮卑連兵入寇

匈奴寇上谷中山

西域十八國遣子入侍請都護不許○莎車王賢驕橫欲兼并西域西域諸國鄯善車師焉耆

者等十八國俱遣子入侍

丙午

二十有二年

春閏正月帝如長安祠高廟十一陵

二月還宮

冬大司空浮免以杜林爲大司空

匈奴單于輿死子蒲奴立求和親許之西域復請都護不許遂附于匈奴

丁未

二十有三年

夏五月大司徒茂卒

秋八月大司空林

卒以王況爲大司徒

冬十一月以張純爲大司空

鬲侯朱祜卒

戊申 二十有四年

春正月

武陵蠻反

匈奴南邊八部立日逐王比爲南單于款塞內附○比前單于烏珠留之子爲左薁鞬日逐王領南邊八部八部大人共議立比爲呼韓邪單于款五原塞願永爲藩蔽扞禦北虜議

漢光武建武二十四年　戊紀　淮南　蜀　赤眉　三水　漁陽

秋七月

冬十月

者皆以中國初定不可許耿國獨以爲宜帝從之于是始分爲南北匈奴

馬援征武陵蠻

匈奴南單于遣使入貢

己酉 二十有五年

春正月

貊人鮮卑烏桓並入朝貢○鮮卑烏桓本皆東胡種漢初匈奴冒頓破東胡其餘衆散保烏桓山鮮卑山爲二族南單于擊北單于破之來請使

夏

漢光武建武二十五年

新息侯馬援卒于軍詔收其印綬○胡氏曰梁松坐馬援書叩頭流血帝所親見也而使之乘驛責援代監甘軍援請營壺頭耿舒請從充道兩事俱上帝從援策尋復聽舒咎援失利誣陷之言又自松口帝平日料敵制勝明見萬里之外乃于此舉屢失事宜得非春秋既高智有所

成紀

淮南

蜀

赤眉

三水

漁陽

者監護

冬十月

困耶不然有臣如援而不保令終其爲君德之累豈小小哉

羣蠻降○馬援征武陵立陷臨鄉會暑甚士卒多疫援亦卒于軍時謁者宗均監援軍以道遠士病不可以戰乃矯制調伏波司馬呂种奉詔書入虜營告以恩信因勒兵隨其後蠻懼共斬其大帥血降

遼西烏桓內屬置校尉

庚戌 二十有六年
春初作壽陵
秋
冬

立南單于庭置匈奴中郎將以領之
南單于遣子入侍
徙南單于居西河美稷

辛亥 二十有七年
夏大司徒況卒
五月詔三公去大名改司馬曰太尉
以趙憙爲太尉
馮勤爲司徒

北匈奴求和親不許

壬子 二十有八年

以領之

春

夏六月沛太后郭氏薨

秋八月以張佚爲太子太傅桓榮爲少傅

徙魯王興爲北海王以魯益東海

遣諸王就國

北匈奴乞和親許之

癸丑　二十有九年

春二月朔日食

甲寅　三十年

春二月帝東巡

閏月還宮

有星孛于紫宮

夏

乙卯 三十有一年

丙辰 建武中元元年
春二月帝東巡封泰山禪梁陰
三月司空純卒
夏四月帝還宮赦改元
六月以馮魴爲司空
司徒勷卒
京師醴泉出赤草生郡國言甘露降
冬十月以李訢爲司徒

膠東侯賈復卒

漢光武建武中元元年 成紀 淮南 蜀 赤眉 三水 漁陽

尊薄太后曰高皇后遷呂太后主于園薄后配食地祇呂后四時上祭

十一月起明堂靈臺辟雍宣布圖讖于天下

丁巳 二年

春正月初立北郊祀后土

二月帝崩

太子莊卽位尊皇后曰皇太后

三月葬原陵

南單于比死弟莫立

夏四月以鄧禹爲太傅

東平王蒼爲驃騎將軍

燒當羌反遣馬武等討之○燒當西羌種號也無弋爰劒之後從爰劒五世至研研世最豪健自後以研爲種號又十三世至燒當當時元帝朝也燒當復豪健子孫更以爲種號居河北大允谷羌豪本滇氏滇本西夷國名楚莊王弟莊蹻爲國于此漢武時滇王降以其地爲益州其後因以滇爲氏焉

漢光武建武中元二年　成紀　淮南　蜀　赤眉　三水　漁陽

漢顯宗孝明皇帝 改名莊光武子在位十八年壽四十八歲

	戊午 永平元年	己未 二年
	春正月朝原陵 夏五月太傅高密侯鄧禹卒 秋七月	春正月宗祀光武皇帝于明堂始服冠冕玉佩登靈臺望雲物 三月臨辟雍行大射禮
同姓王	東海王彊卒	
異姓臣	高密侯鄧禹卒 好時侯耿弇卒	
異國王	馬武等擊羌破之祭彤討烏桓大破之	

珍倣宋版印

冬十月行養老禮
帝如長安
十一月遣使者以中牢祠蕭何霍光帝過式其墓
是月還宮

庚申
三年
春二月太尉憙司徒訢免以郭丹爲司徒虞延爲太尉
立貴人馬氏爲皇后子炟爲皇太子
圖畫中興功臣于雲臺
夏六月有星孛于天船北
冬十月帝奉皇太后如章陵

中山王焉就國 王爲郭太后少子尤愛之故獨留京師至是始就國

遣使者以中牢祠蕭何霍光帝過式其墓

辛酉	壬戌	癸亥
四年 春帝如河內不至而還 冬十月司徒冄司空魴免以范遷爲司徒伏恭爲司空	五年 春二月 冬十月帝如鄴是月還宮 十一月	六年 春二月王雒山出寶鼎詔禁章奏浮詞
	東平王蒼歸藩 蒼以至親輔政聲望日重意不自安累上疏乞上驃騎將軍印綬退就藩國辭甚切帝乃許	
陵鄉侯梁松下獄死	安豐侯竇融卒	
于寘攻莎車王賢殺之	北匈奴寇五原雲中南單于擊却之	

珍倣宋版印

甲子　七年　春正月皇太后陰氏崩二月葬光烈皇后		以宗均爲尚書令	北單于求合市許之
乙丑　八年　春正月司徒遷卒以虞延爲司徒　冬十月帝遣使之天竺求佛法得其書及沙門攝摩騰至京師置于鴻臚寺　是月晦日食既		以鄭衆爲軍司馬	
丙寅　九年　夏四月詔司隸刺史歲考長吏殿最以聞			匈奴遣子入學

大有年

丁卯 十年

春二月

夏閏四月帝如南陽

冬十二月還宮

廣陵王荊有罪自殺國除（荊帝母弟也）

戊辰 十有一年

春正月

東平王蒼來朝

己巳 十有二年

春

夏四月修汴渠堤

哀牢內附（哀牢王柳貌率其民五萬餘戶內附○哀牢南夷種名居于牢山明帝置為縣屬永昌郡即今大理國）

珍倣宋版印

秋七月司空恭罷以牟融爲司空

庚午 十有三年

夏四月汴渠成

冬十一月

楚王英有罪廢徙丹陽

辛未 十有四年

春三月司徒延有罪自殺

夏四月以邢穆爲司徒

初作壽陵

故楚王英自殺

壬申 十有五年

春二月帝東巡耕于下邳

三月至魯詣孔子宅

夏四月封皇子六人爲王

皇子恭爲鉅鹿王黨

爲樂成王衍爲下邳王暢爲汝南王昞爲常山王長爲濟陰王

癸酉 十有六年

春二月

夏五月司徒穆有罪下獄死以王敏爲司徒

秋七月

徙淮陽王延爲阜陵王 上以延罪薄于英徙爲阜陵王食二縣

遣太僕祭肜及竇固等伐北匈奴固取伊吾盧地肜不見虜而還下獄免卒

西域諸國遣子入侍

北匈奴大入雲中

甲戌 十有七年

春正月謁原陵

北海王睦卒

白狼等國入貢

司徒敏卒以鮑昱爲司徒

夏五月百官上壽

冬十一月

乙亥 十有八年

春二月

王少好學光武及上皆愛之

竇固軍還

竇固班超執疏勒王兜題而更立其故王子忠

初龜茲王建爲匈奴所立倚恃虜威攻殺疏勒王立其臣兜題爲疏勒王班超從間道至先遣吏田慮往降之不降便可執之吏乘其不備遂劫縛兜題馳報超超即赴之召疏勒將吏說以龜茲無道之狀因立其故王兄子忠國人大悅遂將兜題解遣之

竇固等擊車師降之復置西域都護戊己校尉

北匈奴擊車師後王安得殺之遂攻戊校尉耿恭恭擊卻之

夏六月有星孛于太微

秋八月帝崩

太子炟卽位尊皇后曰皇太后葬顯節陵在河南府城東南

冬十月以趙憙爲太傅牟融爲太尉並錄尚書事

十一月以第五倫爲司空

大旱

以舅馬廖爲衞尉防爲中郞將光爲越騎校尉

西域攻沒都護陳睦北匈奴圍戊己校尉關寵車師叛與匈奴共圍耿恭詔酒泉太守段彭將兵救之

肅宗孝章皇帝名炟明帝子在位十三年壽三十一歲

丙子 建初元年

春正月詔廩贍饑民
詔二千石勸農桑慎選
舉順時令理冤獄
秋八月有星孛于天市

丁丑 二年
夏四月
大旱
秋八月
冬十二月有星孛于紫宮

戊寅 三年
春宗祀明堂

還坐楚淮陽事徙者
四百餘家

詔徵防還下恭獄免
其官

關寵敗沒段彭擊車
師匈奴走車師復降
罷都護及戊己校尉
官班超留屯疏勒

哀牢王反郡兵擊斬
之

燒當羌反馬防耿恭
擊破之

三月立貴人竇氏爲皇后
竇勳之女也
勳融之孫也

冬十二月

有司奏遣諸王就國以馬防爲車騎將軍
不許
上性篤愛不忍
與諸弟乖離

己卯
四年
春二月
夏四月立子慶爲皇太子
五月以鮑昱爲太尉桓虞
爲司徒
六月皇太后馬氏崩
秋七月葬明德皇后
冬十一月詔諸儒會白虎
觀議五經同異

太尉牟融卒

封馬廖等爲列侯以
特進就第

庚辰
五年

春二月朔日食舉直言極諫

夏五月

太傅憙卒

遣徐幹將弛刑及義從千人就班超平西域

辛巳 六年

夏六月太尉昱卒以鄧彪為太尉

壬午 七年

春正月

沛王輔濟南王康東平王蒼中山王焉來朝

皆光武之子也帝待之甚厚

三月

歸國詔留東平王蒼于京師

夏六月廢太子慶爲清河王立子肇爲皇太子

初帝納扶風宋楊二女爲貴人大貴人生太子慶梁竦二女亦爲貴人小貴人生皇子肇竇皇后無子養肇爲子謀陷宋氏誣言欲爲厭勝之術乃廢慶爲清河王以肇爲皇太子出宋貴人使小黄門蔡倫案之皆飲藥自殺慶時雖幼亦知避禍言不敢及宋氏帝更憐之

秋八月

九月帝如偃師遂至河内

封蕭何末孫熊爲酇侯

癸未 八年春正月

甲申 元和元年

東平王蒼歸國

東平王蒼卒

下梁竦獄殺之

馬廖馬防有罪免官就國

班超爲西域將兵長史

夏六月詔議貢舉法
秋七月詔禁治獄慘酷者
八月太尉虒罷以鄭宏爲
太尉
帝南巡至宛
冬十一月還宮

乙酉
二年
春正月詔賜民胎養穀著
爲令
二月帝東巡耕于定陶柴
告岱宗宗祀明堂三月
至魯祠孔子
至東平祠獻王陵
夏四月還宮假于祖禰
秋七月詔定律毋以十一

月十二月報囚

冬

丙戌

三年

春正月詔嬰兒無親屬及有子不能養者廩給之

帝北巡耕于懷

三月還宮

夏四月收太尉宏印綬宏自繫獄出之而卒以宋由爲太尉

五月司空倫罷以袁安爲司空

南單于與北單于戰破之

燒當羌反郡兵追獲之

疏勒王忠詐降班超斬之

南道遂通

詔侍中曹褒議漢禮

丁亥 章和元年

夏六月司徒虞免以袁安為司徒任隗為司空

秋七月改元曹褒奏所撰制度

鮮卑擊北匈奴斬優留單于

護羌校尉張紆擊羌斬其帥迷吾其子迷唐據大小榆谷以叛 大小榆谷在臨洮府蘭縣西一百里

北匈奴五十八部來降

班超發諸國兵擊莎車降之

戊子 二年

春正月

濟南王康中山王焉來朝

帝崩
太子肇卽位
尊皇后曰皇太后
三月葬敬陵在河南府城東南
太后臨朝
以鄧彪爲太傅錄尚書事百官總己以聽
綱目書百官聽己者三王莽楊駿鄧彪惟鄧彪無責焉
夏四月以遺詔罷鹽鐵之禁
旱
冬十月

諸王始就國

侍中竇憲殺都鄉侯暢太后以憲爲車騎將軍使擊北匈奴以贖罪
以鄧訓爲護羌校尉

孝和皇帝 名肇章帝子時年十歲 在位十七年壽二十七

己丑 永元元年

春正月下尚書僕射郅壽吏壽自殺

夏六月

秋七月會稽山崩

九月

大水

鄧訓掩擊迷唐大破之諸羌皆降

鄧訓掩擊迷唐大破之

竇憲擊北匈奴大破之

竇憲擊北匈奴大破之登燕然山刻石勒功而還

以舅竇憲爲大將軍

庚寅 二年

春二月日食

封齊武王孫無忌爲齊王威爲北海王 初北海哀王無後肅宗以齊武王首

竇憲遣兵復取伊吾盧地車師遣子入侍

月氏遣兵攻西域長

秋七月

九月

辛卯 三年

春正月帝冠

二月

冬十月帝如長安竇憲來會

十二月以班超爲西域都護騎都尉

帝還宮

壬辰 四年

創大業遺詔令復二國至是皆封

史班超超擊降之

竇憲出屯涼州

北匈奴款塞求朝竇憲遣兵襲擊破之

竇憲殺尚書僕射樂恢

竇憲遣兵擊北匈奴于金微山單于走死

竇憲來會車駕不臣之罪見矣

龜茲姑墨温宿諸國來降

珍倣宋版印

春正月

三月司徒安卒以丁鴻爲司徒

夏四月

六月朔日食

地震　旱蝗

秋七月太尉由有罪策免

竇憲還京師

大將軍竇憲伏誅 竇氏父子兄弟並爲卿校充滿朝廷有逆謀帝知其謀而外臣莫由親接以鉤盾令鄭衆有心機密謙誅之班固附竇氏并死獄中帝年纔十四乃能選用秘臣密求故事勤誅賊臣中外肅清足以繼孝昭之烈矣所可恨者三公不與大政而鄭衆有功由是宦者用權馴致亡漢可勝嘆哉

以宦者鄭衆爲大長秋

立北匈奴於除鞬爲單于

	自殺 八月司空隗卒以尹睦爲太尉錄尚書事劉方爲司空		護羌校尉鄧訓卒	迷唐復反
癸巳 五年	春正月太傅彪卒 冬十月太尉睦卒以張酺爲太尉	梁王暢有罪詔削二縣		北匈奴單于𣫺遣兵追斬滅之 鮮卑徙據北匈奴地 鮮卑既據北匈奴故地匈奴餘種十餘萬落皆自號鮮卑鮮卑由此漸盛 護羌校尉貫友攻迷唐走之 南匈奴單于屯屠何死單于宣弟安國立
甲午 六年	春正月司徒鴻卒以劉方爲司徒張奮爲司空			使匈奴中郎將杜崇等殺安國立左賢王師子爲單于

秋旱

以陳寵爲廷尉

班超發八國兵討焉耆斬其王廣

北匈奴降者脇立屯屠何子逢侯叛走出塞遣將軍鄧鴻等擊之不及鴻及杜崇等皆坐誅

乙未 七年

夏四月朔日食

秋七月易陽地裂 書地裂始此

九月地震

丙申 八年

春二月立貴人陰氏爲皇后

漢和帝永元八年

年	大事	將相	名臣	誅殺	外夷
	夏蝗				
丁酉九年	春三月隴西地震 夏六月旱蝗除田租及山澤稅 秋閏八月皇太后竇氏崩葬章德皇后 九月司徒方策免自殺 冬十月追尊梁貴人爲恭懷皇太后葬西陵 以呂蓋爲司徒司空奮罷以韓稜爲司空			劉方自殺	迷唐寇隴西遣將軍劉尚討破之
戊戌十年	夏五月大水 秋七月司空稜卒以巢堪				

爲司空 冬十二月			迷唐詣闕貢獻
			匈奴南單于師子死
			單于長之子檀立
己亥 十有一年 春二月遣使循行廩貸 志恤民也特書之			
庚子 十有二年 夏四月秭歸山崩 秋七月朔日食 太尉酺免以張禹爲太尉			迷唐復叛
辛丑 十有三年 春正月帝幸東觀			

漢和帝永元十二年

美崇儒也		
秋		迷唐寇金城郡兵擊破之
冬詔邊郡舉孝廉		鮮卑寇右北平漁陽
司徒蓋致仕以魯恭爲司徒		巫蠻反寇南郡
壬寅 十有四年		
春		安定羌反郡兵擊滅之復置西海郡
夏四月		荊州兵討巫蠻大破降之
六月皇后陰氏廢死 有謂后挾巫蠱道者后坐廢以憂死	詔班超還京師	
冬十月立貴人鄧氏爲皇后	封宦者鄭衆爲鄛鄉侯	

御批

人主撫有天下玉食萬方若窮極異味何求而不得第不軫念下民供億之煩誠有所不忍爾如宋仁宗

鄧訓女鄧禹孫也

司空堪罷以徐防爲司空

漢末之禍始此矣

癸卯

十有五年

夏四月晦日食○雨水

冬十月帝如章陵

十一月還宮

詔太官勿受遠國珍羞

甲辰

十有六年

秋七月旱

司徒恭免以張酺爲司徒八月卒以徐防爲司徒陳寵爲司空

北匈奴請和親

漢和帝永元十六年

計蛤蜊之費一下節二十八千吾不堪焉又中夜偶思燒羊復戒左右勿令宣索恐膳夫奉行沿爲成例徒縻有用之物以備不時之需皆此意也況養生之道尤以節飲食爲要義朕自御極以來凡所供

乙巳元興元年

春

冬十二月帝崩太子隆即位

初帝失皇子十數後生者輒隱秘養于民間羣臣無知者及帝崩皇后乃收皇子于民間長子勝有痼疾少子隆生始百餘日迎立以爲太子即位

惠帝之末書太子即位而不書立太子他人子也于是太后收皇子于民間則其正統明矣不書立爲太子何迎立于發喪之後也元孫嬰則何以書王莽居攝嬰未嘗即位書立爲皇太子所以正名也然則隆不書立與少帝何別焉即位書名所以爲異也兩漢太子不書立二少帝殤帝冲帝以下不書立太子者五世非無子則不早建也

高句麗寇遼東

餚饌皆尋常品味未嘗羅列珍羞後以自奉然于日用常餐猶加意撙節適可而止頗得調攝之方縱恣口腹者無益而有損此人情所易忽不可不愼

尊皇后曰皇太后

太后臨朝

孝殤皇帝 名隆和帝子在位八月

丙午 延平元年

春正月以張禹爲太傅徐防爲太尉參錄尚書事以梁鮪爲司徒

三月葬順陵 在河南府城東南

夏四月司空寵卒以尹勤爲司空

封兄勝爲平原王

清河王慶就國特加殊禮 慶子祜年十三太后以帝幼弱遠慮不虞留祜與嫡母耿姬居清河邸耿況孫也

以鄧隲爲車騎將軍儀同三司

鮮卑寇漁陽太守張顯戰沒

五月河東垣山崩○雨水
○減用度遣宮人
秋七月詔實覈傷害除其
田租
八月帝崩太后迎清河王
子祜入卽位太后猶臨
朝
后與兄騭定策禁中迎祜拜長安侯立以爲和帝嗣
詔檢敕鄧氏賓客
九月大水
葬康陵在河南府東南
隕石于陳留
冬十月大水雨雹
十二月詔舉隱逸選博士

清河王慶卒

孝安皇帝 名祜章帝孫清河王之子在位十九年壽三十二歲

丁未 永初元年

春二月

三月日食

夏四月

五月以魯恭爲司徒

六月

秋九月以寇賊雨水策免太尉防司空勤

冬十二月地震大水大風雨雹

是歲郡國地震十八大水四十一風雹二十八

司徒鮪卒

封鄧騭及弟悝宏閶皆爲列侯騭辭不受

詔鄧騭及校尉任尚將兵屯漢陽以備羌

諸羌復叛

御批

漢安帝時太后錄囚具得枉實行未還宮澍雨遂降史冊書之若以爲盛事不知垂廉聽政亦非國家之福矧親錄囚徒乎漢室其益衰矣

戊申 二年

春正月以公田賦與貧民

遣使稟貸冀兗流民

夏旱

五月太后親錄囚徒

六月大水大風雨雹

秋七月太白入北斗

冬十月

十一月地震

己酉 三年

春正月帝冠

徵鄧隲爲大將軍

司徒恭罷

鄧隲擊鍾羌大敗

任尚與先零羌滇零戰大敗詔遣謁者龐參督諸軍屯（龐參緱氏人）

滇零僭稱天子寇鈔三輔校尉梁慬破走之

京師大饑民相食

夏四月

秋九月

冬十一月

十二月地震

有星孛于天苑○兩水

幷涼大饑人相食

庚戌 四年

春正月元會徹樂不陳充庭車

南匈奴反

海賊張伯路寇濱海九郡

烏桓鮮卑南匈奴合兵寇五原

南匈奴圍中郎將耿种于美稷遣中郎將龐雄將兵討之

遣御史中丞王宗青州刺史法雄討張伯路

度遼將軍梁慬遼東太守耿夔擊南匈奴破走之

虞詡爲朝歌長史

三月地震

夏蝗

秋七月大水

九月地震

冬十月太后母新野君卒

南匈奴降

先零羌寇漢中太守鄭勤戰死

辛亥 五年

春正月朔日食○地震

三月徙緣邊郡縣避寇

秋蝗雨水

法雄擊張伯路破斬之

羌寇河內詔遣兵屯孟津

遣侍御史任尙擊羌破之

壬子 六年

春三月蝗

夏詔封建武功臣

珍倣宋版印

五月旱

六月豫章員谿原山崩

癸丑 七年

春正月太后率大臣命婦謁宗廟 譏非古也

二月地震

夏四月晦日食

秋蝗

甲寅 元初元年

春二月日南地坼 于是地坼長百餘里秦庚申坼長百三十步順帝陽嘉二

漢安帝元初元年

滇零死子零昌以杜季貢爲將軍 季貢漢陽賊也五年寇略上邽

年坼長八十五丈未有甚于此者大變也

三月日食

遣兵屯河内以備羌

夏旱蝗

六月河東地陷陷更甚于坼大變也

冬十月朔日食

地震

乙卯二年

春

夏四月立貴人閻氏爲皇后

羌豪號多掠漢中斷隴道校尉侯霸與戰破之

號多降西羌種也零昌寇益州遣中郎將尹就討之

珍倣宋版印

后性妒忌後宮李氏生皇子保后酖殺李氏
五月旱蝗
秋八月
九月晦日食
冬十月
十一月地震

丙辰
三年
春地震
三月日食
夏四月旱
冬初聽大臣行三年喪

遼東鮮卑圍無慮

遣中郎將任尚屯三以虞詡爲武都太守輔
擊羌破之

度遼將軍鄧遵率南單于擊零昌破之任尚又擊破之殺其妻子并遣羌殺杜季貢

地震

丁巳 四年

春二月朔日食

武庫災

夏四月策免司空袁敞敞自殺

六月雨雹

秋七月雨水

地震

戊午 五年

春旱

遼西鮮卑入寇郡兵擊破之

益州刺史張喬討叛羌羌皆降散

任尚募羌殺零昌越巂夷封離等反任尚擊先零羌狼莫大破走之西河虔人種羌降隴右平

永昌益州蜀郡夷叛

珍倣宋版印

秋八月朔日食
冬十月地震

己未 六年
春二月地震
夏四月大風雨雹○旱
秋七月
冬十二月朔日食既○地震
豫章芝草生

庚申 永寧元年

鄧遵募羌殺狼莫封鮮卑寇上谷
遵為武陽侯徵任尚鄧遵募羌殺狼莫
棄市
遵與尚功一爾遵以功封尚以功戮私之私也

鮮卑寇馬城塞鄧遵
率南單于擊破之
益州夷降
燉煌太守曹宗遣吏
屯伊吾車師鄯善復
降

春三月

夏四月立子保爲皇太子

秋七月朔日食○大水

以楊震爲司徒

地震

自鄧后臨朝大水兩雹旱蝗日食災異之兆間見層出而地震尤多自永初初元至是十四年凡十有五可見地道主靜宜靜而動亦由婦人治事反地之道故數數震動以著其應耳

免越騎校尉鄧康官遣就國

太后從弟康以太后久臨朝政數諫言切太后不從康謝病不朝后怒免官遣歸國

北匈奴車師後王共殺漢吏詔復置都護屯兵

沈氏當煎燒當羌入寇

沈氏東羌種號在上郡西河者是當煎東羌種名亦作煎當

校尉馬賢討羌破之

遼西鮮卑降

辛酉

建光元年

春三月皇太后鄧氏崩

葬和熹皇后

追尊清河孝王曰孝德皇皇妣曰孝德后

夏尊嫡母耿姬爲甘陵大貴人

詔舉有道之士

以薛包爲侍中不拜包汝南人少有至行

秋八月以劉愷爲太尉

貶平原王翼爲都鄉侯平原王翼河間王子也太后留京師及太后崩有誣告太后兄弟悝閶等謀立王者帝怒以悝等爲大逆無道廢其子西平侯黃宗等爲庶人鄧隲以不與謀徙封爲羅侯遣就國廣宗等皆自殺隲不食而死翼貶爲都鄉侯遣歸河間翼謝絕賓客閉門自守由是得免

封舅鄧隲爲上蔡侯

徙封鄧隲爲羅侯遣就國隲自殺

詔許鄧隲還葬以耿貴人兄寶爲羽林車騎

封孝德皇外祖宋楊子四人及宦者江京李閏皆爲列侯

以閻后兄弟顯景耀並典禁兵

高句驪鮮卑寇遼東太守蔡諷戰歿

燒當羌麻奴入寇馬賢追擊破之

帝幸衛尉馮石府留飲

十日

雨水

冬十一月地震

復斷大臣行三年喪

十二月

鮮卑寇居庸關殺雲中太守

高句驪王宮圍元菟州郡討破之宮死

壬戌 延光元年

夏四月雨雹

秋七月地震

九月地震

冬雨水

高句驪王遂成降是後東陲少事

虔人羌與上郡胡反邊兵擊破之

遣宦者及乳母王聖女伯榮詣甘陵

鮮卑寇邊麻奴降

珍倣宋版印

汝南黃憲卒
憲汝南慎陽人

癸亥 二年

夏四月

秋七月丹陽山崩○雨水

冬以楊震爲太尉

十二月地震

聘處士周燮馮良不至

封王聖爲野王君
王聖乳母也自宣帝始推恩阿保賜物而已未有封也至是而封君矣桓帝之世復侯其子焉下及元魏乃尊爲皇太后甚哉

以班勇爲西域長史將兵屯柳中

甲子 三年

春正月

二月帝東巡三月還未入宮策收太尉震印綬遣歸故郡震自殺

夏四月閬中山崩

秋八月

九月廢太子保爲濟陰王

王聖江京樊豐等譖太子乳母王男廚監邴吉等殺之太子嘆息京豐懼乃與閻后譖太子帝怒召公卿議廢太子

是月晦日食〇地震大水雨雹

帝即位至是十八年書地震二十有二書地陷地坼各一終綱目地震之數無如安帝者矣

以耿寶爲大將軍

班勇擊走匈奴田車師者西域復通

珍倣宋版印

乙丑 四年

春二月帝南巡

三月朔日食

帝崩于葉還宮發喪

帝崩于乘輿皇后與閻顯兄弟江京樊豐等謀以濟陰王在內恐公卿立之乃僞云帝疾甚徙御臥車馳歸四日至洛陽

綱目帝自即位至發喪所書一百七十七事耳爲羌夷盜賊者五十六災變者七十世道可知矣徒聞狎佞臣厚保母疾忠賢望其弭災靖亂尚可得乎

尊皇后曰皇太后太后臨朝以閻顯爲車騎將軍儀同三司迎北鄉侯懿入即位

太后欲久專國政貪立幼年與顯等定策迎章帝孫濟北

閻顯爲車騎將軍樊豐等下獄死耿寶自殺王聖伯榮徙鴈門

惠王子北鄉侯懿爲嗣濟陰王以廢黜不得上殿親臨梓宮悲號不食內外羣僚莫不哀之

葬恭陵在河南府城東南

秋七月

冬十月越嶲山崩

北鄉侯薨閻顯白太后秘不發喪更徵諸王子閉宮門屯兵自守

十一月地震

中黃門孫程等迎濟陰王保入即位誅閻顯等

還太后于離宮

葬北鄉侯

改葬故太尉楊震祠以

閻顯伏誅

封程等十九人爲列侯

班勇擊斬車師後王軍就及匈奴使者

珍倣宋版印

中牢詔震二子爲郎

孝順皇帝 名保安帝子李氏所出在位十九年壽三十歲

丙寅 永建元年

春正月帝朝太后于東宮

皇太后閻氏崩

二月葬安思皇后

秋七月下司隸校尉虞詡獄尋赦出之以爲尚書

僕射左雄爲尚書

還孫程等十九侯就國

隴西鍾羌反馬賢擊破之

班勇發諸國兵擊匈奴呼衍王走之

丁卯 二年

春二月

三月旱

鮮卑寇遼東郡兵擊破之

夏六月追尊母李氏爲恭
愍皇后
秋七月朔日食
以許敬爲司徒
聘處士樊英以爲五官
中郎將英南陽人
以處士楊厚黃瓊爲議
郎厚廣漢新都人瓊江夏安陸人

戊辰 三年

春正月地震

遣燉煌太守張朗與
班勇討焉耆降之徵
勇下獄免朗先有罪欲邀功自贖遂先期至爵離關焉耆王元孟乞降朗受降而還勇以後期下獄免

珍倣宋版印

年	漢			
	夏六月旱 秋九月			鮮卑寇漁陽
己巳 四年	春正月帝冠 夏雨水 冬			鮮卑寇朔方
庚午 五年	夏四月旱蝗		定遠侯班始棄市	
辛未 六年	春二月 秋九月起太學 凡造二百四十房千八百五十室		以沈景爲河間相	
壬申 陽嘉元年				

漢順帝陽嘉元年

春正月立貴人梁氏爲皇后

恭懷皇后弟子乘氏侯商之女

夏四月

冬立孝廉限年課試法

閏十二月恭陵百丈廡災

癸酉二年

春正月徵郎顗以爲郎中不就

夏四月京師地震詔公卿直言舉敦樸之士

六月京師地坼詔引敦樸

以后父梁商爲執金吾

封乳母宋娥爲山陽君

帝之立娥與其謀故封之

護烏桓校尉耿曄遣烏桓擊鮮卑大獲

珍倣宋版印

士對策

秋七月太尉龐參免

甲戌 三年

夏四月

五月旱

秋七月

冬十一月司徒劉琦司空孔扶免

乙亥 四年

春二月

夏四月

秋閏八月朔日食

漢順帝陽嘉四年

以梁商爲大將軍

鮮卑寇馬城

車師後部擊破北匈奴獲單于母

鍾羌寇隴西漢陽校尉馬續擊破之

遣謁者馬賢擊鍾羌大破之

	冬十月			烏桓寇雲中
	十二月地震			
丙子	永和元年			
	冬十二月以王龔爲太尉		商子冀爲河南尹	武陵蠻反太守李進
				討平之
丁丑	二年			
	夏四月地震			象林蠻反象林縣名屬日南郡古越裳國界今林邑國也
	冬十月帝如長安徵處士			
	法真不至真扶風人			
	地震			
	十二月還宮			

戊寅　三年	春二月地震金城隴西山崩 夏閏四月地震 冬十月 十二月朔日食			九真太守祝良交趾刺史張喬招降蠻寇嶺外悉平 燒當羌那離寇金城馬賢擊斬之
己卯　四年	春正月 三月地震 秋八月太原旱		中常侍張逵等伏誅	
庚辰　五年	春二月地震			南匈奴吾斯車紐等反馬續招降之且東

辛巳 六年 春正月 二月有星孛于營室 秋八月	是月晦日食
大將軍梁商卒 以周舉為諫議大夫 以梁冀為大將軍不疑為河南尹（不疑冀弟名）	
鞏唐羌寇三輔燒園陵武都太守趙冲擊破之詔冲督河西四郡兵 鞏唐羌寇北地	傳難種羌寇三輔馬賢討之 羌寇武都燒隴關匈奴吾斯立車紐為單于引烏桓羌胡寇邊張耽擊降之

紀年	紀事		任用	邊事
	九月晦日食			諸羌寇武威
壬午 漢安元年	秋八月遣八使分行州郡		以李固爲將作大匠 以張綱爲廣陵太守 廣陵賊張嬰等皆降	吾斯等復反
癸未 二年	夏四月地震 涼州自九月以來地百八十震山谷坼裂壞敗城寺民壓死者甚衆			以趙沖爲護羌校尉擊燒當羌破之
	冬十一月增孝廉爲四科			匈奴中郎將馬寔遣人刺吾斯殺之
甲申 建康元年	夏四月立皇子炳爲太子			馬寔擊南匈奴左部破之胡羌烏桓悉降

秋八月帝崩太子炳卽位

尊皇后曰皇太后太后臨朝

以李固爲太尉錄尚書事

九月葬憲陵在河南府城東北

地震詔舉賢良方正之士策問之

冬十月羣盜發憲陵

揚徐羣盜范容等作亂遣御史中丞馮緄討之

九江盜馬勉稱帝于當塗

交阯蠻夷復反刺史夏方降之

孝冲皇帝

乙酉 永嘉元年 名炳順帝子

春正月帝崩

廣陵張嬰據郡反

徵清河王蒜及渤海孝王子纘至京師大將軍冀白太后迎纘入即位罷蒜歸國

蒜纘皆章帝曾孫蒜爲人嚴重動止有法度而纘年甫八歲冀與太后定策禁中迎纘即位

葬懷陵在河南府城東南

二月

三月詔康陵在恭陵上

詔曰殤帝即位踰年安帝承襲統業而前世令恭陵在康陵之上失其次序今其正之

冬十一月

嬰既降至是復反

叛羌皆降隴右復平

九江都尉滕撫擊馬勉范容等斬之

歷陽盜華孟稱帝滕撫進擊張嬰及孟皆破斬之東南悉平

御批
漢質帝冲齡臨御能識梁冀之奸固爲聰頴第遽目之曰此跋扈將軍

孝質皇帝 名纘章帝曾孫

丙戌本初元年

夏四月詔郡國舉明經詣太學受業者歲滿課試拜官有差 自是公卿皆遣子受業增盛至三萬餘生

五月海水溢

閏六月梁冀進毒弒帝白太后策免太尉固迎蠡吾侯志入即位太后猶臨朝 帝少而聰慧嘗因朝會目梁冀曰此跋扈將軍也冀深惡之使左右置毒餅以進帝食之而崩諸大臣李固等欲立

也遂爲所毒聽類而不嘗發悔適足以爲害矣

漢質帝本初元年
桓帝建和元年

清河王蒜而中常侍曹騰說冀曰不如立蠡吾侯富貴可長保也冀然其言遂迎蠡吾侯入即位時年十五平原王貶爲蠡吾侯翼之子也

秋七月葬靜陵在河南府城東南

九月追尊河間孝王爲孝穆皇蠡吾先侯曰孝崇皇先侯即翼也

冬十月尊母匽氏爲博園貴人

孝桓皇帝

名志章帝曾孫初平原王翼貶歸河間其父請以蠡吾縣以侯之翼卒子志嗣時年十五在位二十一年壽三十六

丁亥 建和元年

春正月朔日食

日食正旦于嗣服紀元之初是人君即位其始已不正矣嗣後災異頻仍天命不僭豈不深切著明哉

三月黃龍見譙

夏四月地震

六月以杜喬爲太尉

秋論定策功

八月立皇后梁氏

后太后女弟倫序乖矣

九月地震策免太尉喬

益封梁冀萬三千戶

又封其子弟及宦者劉廣等皆爲列侯

宋楊四子與江京並書梁冀子弟與劉廣並書賤之甚者矣

冬十一月貶清河王蒜爲尉氏侯

戊子 二年

春正月帝冠

三月

夏五月北宮火帝徙居南宮改清河爲甘陵

秋大水

己丑 三年

夏四月晦日食

秋八月有星孛于天市

九月地再震 一月再震 山崩

終綱目書地震一百二十歲再震十二一月再震二是年

貶清河王蒜爲尉氏侯徙桂陽蒜自殺

下李固杜喬獄殺之 會劉文等謀立清河王蒜梁冀因誣固喬與文交通故殺之

白馬羌寇廣漢

前朗陵侯荀淑卒 淑潁川人少博學有高行李固李膺等師宗之有子八人儉緄靖燾汪爽

獻帝興平元年

肅專時人謂之八龍

庚寅

和平元年

春正月太后歸政二月崩

三月帝還北宮

葬順烈皇后

夏五月尊博園匽貴人曰孝崇后

秋七月梓潼山崩

封大將軍冀妻孫壽為襄城君

辛卯

元嘉元年

春正月朔

夏四月帝微行幸河南尹梁胤府舍是日大風拔樹晝昏

京師旱任城梁國饑民

尚書張陵劾大將軍冀罪詔以俸贖

北匈奴寇伊吾

相食

冬十一月地震詔舉獨行之士

壬辰 二年

春正月地震

夏四月孝崇皇后匽氏崩

五月葬博陵 帝父蠡吾侯翼之墓也在河間府蠡縣東二里

秋七月日食

冬十月地震

漢桓帝元嘉二年

詔加大將軍冀殊禮增封四縣賜以甲第 綱目凡四書殊禮惟冀及會稽王昱書加若蕭道成唐主淵書自則自加而已矣

西域長史王敬殺于寘王建于寘攻敬殺之

癸巳 永興元年

秋七月蝗○河溢民饑

甲午 二年

春二月復聽刺史二千石行三年喪

自安帝建光元年斷大臣行三年喪至是三十有四年矣復書聽行而止于刺史二千石惜哉

夏蝗○東海朐山崩地震

秋九月朔日食

冬十一月帝校獵上林苑遂至函谷關

乙未 永壽元年

封乳母馬惠子初爲列侯

乳母封君自王聖始而未侯其子也馬惠子侯桓爵之濫甚矣

泰山琅琊盜起中郎將段熲擊平之

熲武威人

	春二月司隸冀州饑人相食 夏南陽大水○巴益郡山崩 秋			南匈奴左薁鞬臺耆等反屬國都尉張奐擊破降之
丙申 二年	春三月 秋 冬十二月地震			蜀郡屬國夷反
			以韓韶爲嬴長 時賊寇青兗徐韶爲嬴長賊不入境流民入縣萬餘戶韶開倉賑之或爭不可韶曰以活溝壑之人伏罪含笑入地矣	鮮卑檀石槐寇雲中以李膺爲度遼將軍

丁酉 三年

夏四月

閏月晦日食○蝗

戊戌 延熹元年

夏五月晦日食○蝗○大雩

秋七月太尉黃瓊免

冬十月帝校獵廣成遂至上林苑

十二月

九真蠻夷反討破之

長沙蠻反

以張奐為北中郎將徵陳龜還龜不食而卒

梁冀與龜素有隙徵還代之龜上書請誅之不省遂不食死綱目書不食死者三龔勝陳龜辛謐皆節士也

南匈奴烏桓鮮卑入寇以陳龜為度遼將軍

己亥 二年

春二月

三月復斷刺史二千石行三年喪

夏大水

秋七月皇后梁氏崩 妒而無子宮人孕育鮮得全者帝益疏之憂恚而死

葬懿陵

八月大將軍梁冀伏誅太尉胡廣司徒韓縯司空孫朗皆以罪免爲庶人

立貴人鄧氏爲皇后追廢梁后爲貴人

以种暠爲度遼將軍

鮮卑寇鴈門

蜀郡夷寇蠶陵

梁冀伏誅

封宦者單超等五人爲列侯 五人世謂之五侯 唐衡單超左悺徐璜具瑗以誅梁冀功同封

封皇后兄子鄧康宦

以黃瓊爲太尉
徵處士徐穉姜肱袁閎
韋著李曇皆不至穉豫章人肱彭城人閎汝南人安之元孫著京兆人曇潁川人
冬十月以陳蕃爲光祿勳

者侯覽等爲列侯殺
白馬令李雲弘農掾
杜衆

以宦者單超爲車騎
將軍
以楊秉爲河南尹尋
坐論作左校
以爰延爲五官中郎
將

燒當羌反校尉段熲
擊破之

庚子

三年
春正月詔求故太尉李固
後
閏月

西羌寇張掖段熲破
降之

夏五月漢中山崩

秋七月

冬十一月

辛丑 四年

春正月南宮嘉德殿火

大疫

二月武庫火

夏以劉矩爲太尉

五月有星孛于心〇雨雹

六月地震

岱山及博尤來山裂

秋七月減百官俸貸王侯半租賣關內侯以下官

長沙零陵蠻反

泰山賊殺都尉以皇甫規爲太守討平之

九真餘寇復反以夏方爲交阯刺史降之

西漢之盛也賜天下半租東漢之衰也貢王侯半租未幾而復有斂田畝稅錢之書則剝及下民矣

九月以劉寵爲司空

冬

諸羌復反徵段熲下獄遣中郎將皇甫規破降之

壬寅 五年

夏地震

零陵賊入桂陽艾縣賊攻長沙

冬十月

武陵蠻反以馮緄爲車騎將軍討諸蠻降之

十一月以楊秉爲太尉

下皇甫規獄論輸左校

癸卯 六年

（六年續）	甲辰 七年
夏五月 秋 冬十月帝校獵廣成遂至上林苑 十二月以周景爲司空 尚書朱穆卒	春二月邟鄉侯黃瓊卒 諡曰忠四方名士來會葬者六七千人 三月隕石于鄠
以張奐爲度遼將軍皇甫規爲使匈奴中郎將 以段熲爲護羌校尉 朱穆卒	黃瓊卒
鮮卑寇遼東 武陵蠻復反郡兵討平之馮緄坐免	

夏五月雨雹

冬十月帝如章陵

十二月還宮

乙巳八年

春正月遣中常侍左悺之苦縣祠老子

人主崇道教始此故書之明年而有親祠濯龍之書矣

是月晦日食詔舉賢良方正

廢皇后鄧氏幽殺之

鄧氏驕忌廢送暴室以憂卒

詔壞諸淫祠

特留洛陽王渙密縣卓茂二祠

荆州刺史度尚擊桂陽艾縣賊平之

段熲擊當煎羌破之

中常侍侯覽免左悺自殺貶具瑗爲都鄉侯

詔李膺馮緄劉祐輸作左校

夏五月太尉楊秉卒

秋七月以陳蕃爲太尉

八月初斂田畝稅錢

綱目重取民故高帝爲算賦武帝權酒酤桓帝斂田畝稅錢晉孝武增民稅米唐定租庸調德宗作兩稅行間架陌錢稅茶俱書初以謹其取民之始也

九月地震

十月立貴人竇氏爲皇后

竇融元孫武之女也

以李膺爲司隸校尉

以劉寬爲尚書令

丙午

九年

漢桓帝延熹九年

楊秉卒

桂陽賊攻零陵度尚擊斬之

段熲擊西羌破之

春正月朔日食詔舉至孝
司隸豫州饑
夏四月河水清
河水清于桓世其爲不祥也甚矣綱目書河清二皆亂季也自漢桓延熹九年至高齊壬午年迄四百年爾則千年一清之說亦不足信矣
帝親祠老子於濯龍宮
六月
秋七月殺南陽太守成瑨
太原太守劉瓆捕司隸校尉李膺太僕杜密部黨二百餘人下獄遂策免太尉陳蕃
時名士互相標榜又疾惡太甚覈按誅不法宦官由是弄

以皇甫規爲度遼將軍

復以張奐爲護匈奴中郎將督幽并涼州
以竇武爲城門校尉

南匈奴烏桓鮮卑寇掠九郡

諸羌復反
匈奴烏桓降鮮卑走出塞

珍倣宋版印

權權臣忿恨思中傷之會張成善風角推占當赦教子殺人李膺按殺之宦官因教成弟子牢修上書告膺等養太學游士共爲部黨誹訕朝廷于是帝怒詔捕黨人禁錮終身名賢如賈彪陳蕃李膺范滂房植宗資成瑨岑晊劉表王暢杜密陳寔張儉張奐張邈等二百餘人皆陷刑獄皇甫規恥不得與自陳朋黨朝廷亦不問後竇武上疏解帝乃赦歸

丁未 永康元年

春正月

夏四月

五月地裂

綱目書地裂者三和帝永元七年是年秦庚午年

東羌復反段熲擊破之

夫餘寇元菟

羌寇三輔

是月晦日食

六月赦黨人歸田里禁錮終身

秋八月巴郡言黃龍見

大水海溢

冬十月

十二月帝崩尊皇后曰皇太后

太后臨朝

初竇氏既立御見甚稀唯采女田聖等有寵后素忌忍帝

羌寇三輔張奐遣司馬董卓擊破之

董卓隴西人性粗猛有謀羌胡畏之

按桓帝即位二十一年延熹以前梁冀竊柄延熹以後宦閹弄權書日食有九山崩裂者七地震裂者十二大水四民相食二邊事三十一天人之變可爲極矣而事遊畋急稅斂卒不自省觀其再祀老子禁錮黨人則知其壞淫祠徵處士亦俱虛文也

一珍做宋版印

梓宮尚在前殿遂殺田聖

遣使迎解瀆亭侯宏詣

京師

竇武召侍御史河間劉儵問以國中宗室之賢者儵稱河間孝王曾孫宏武白太后定策禁中以儵守光祿大夫持節來迎宏時年十二

孝靈皇帝

名宏清河孝王曾孫在位二十二年壽三十四歲

戊申 建寧元年

春正月以竇武爲大將軍

陳蕃爲太傅與司徒胡

廣參錄尚書事

解瀆亭侯宏至入卽位

竇武爲大將軍

二月葬宣陵在河南府城東北

閏月追尊祖爲孝元皇夫人爲孝元后考爲孝仁皇尊母董氏爲愼園貴人

夏五月朔日食

六月大水

錄定策功封竇武爲聞喜侯封陳蕃爲高陽侯不受

秋九月太傅陳蕃大將軍竇武奏誅宦者曹節等節等殺之遂遷太后于南宮

竇武爲聞喜侯

陳蕃竇武被殺

段熲擊東羌于高平大破之以熲爲破羌將軍

段熲追擊東羌連戰破之

冬十月晦日食
十二月

己酉 二年
春正月尊慎園貴人董氏爲孝仁皇后
夏四月青蛇見御座上大風雨雷雹詔公卿言事
六月以劉囂爲司空
秋七月
九月

以后兄子重爲五官中郎將

段熲大破東羌封爲新豐侯

鮮卑濊貊寇幽幷
烏桓稱王
烏桓大人上谷難樓及遼西邱力居皆自稱王遼東蘇僕延自稱峭王右北平烏延自稱汗魯王

江夏蠻反州郡討平之

冬十月復治鉤黨殺前司隸校尉李膺等百餘人
是月晦日食

殺李膺等百餘人

鮮卑寇幷州

庚戌 三年
春三月晦日食
徵段熲爲侍中

段熲爲侍中

辛亥 四年
春正月帝冠赦
二月地震海溢
三月朔日食大疫
秋七月立貴人宋氏爲皇后
冬十月朔帝朝太后于南宮

鮮卑寇幷州

壬子 熹平元年

春正月帝謁原陵

三月太傅胡廣卒

夏

六月大水

皇太后竇氏崩

秋七月葬桓思皇后

冬十月

殺渤海王悝

初渤海王悝以不道貶爲癭陶王因王甫求復國許謝錢五千萬既而桓帝遺詔復之悝以非甫功不與甫甫以中常侍鄭颯等與悝交通奏颯謀迎立悝乃詔收悝迫令自殺

胡廣卒

宦者侯覽有罪自殺

十一月

會稽妖賊許生稱帝

鮮卑寇幷州

癸丑 二年

春正月大疫

夏六月地震

秋七月以唐珍爲司空

冬十二月晦日食

鮮卑寇幽幷

甲寅 三年

冬十一月

吳郡司馬孫堅討許生斬之 堅富春人

十二月

鮮卑入北地又寇幷州

乙卯 四年

春三月立石經于太學門外

詔諸儒正五經文字命議郎蔡邕爲古文篆隸三體書之刻石于太學門外使後學取正焉

珍倣宋版印

太學在洛城之南堂前石經四部本碑凡四十六枚

夏四月大水

六月螟

			鮮卑寇幽州
丙辰五年 夏大雩 殺永昌太守曹鸞更考黨人禁錮五屬 以曹鸞上書諫黨錮也			益州夷反 鮮卑寇幽州
丁巳六年 夏四月大旱蝗 以宣陵孝子爲太子舍人 宣陵桓帝之陵墓市賈小民有相聚爲宣陵孝子者數十人詔皆除太子舍人			鮮卑寇三邊

冬十月朔日食○地震

鮮卑寇遼西太守趙苞破之

戊午

光和元年

春正月

二月朔日食○地震

置鴻都門學

以張顥爲太尉

夏四月地震

侍中寺雌雞化爲雄

宋乙丑年女化爲男

六月有黑氣墮溫德殿庭中

秋七月青虹見玉堂殿庭中

八月有星孛于天市

合浦交阯烏滸蠻反

冬十月廢皇后宋氏幽殺之后無寵而姑為渤海王悝妃王甫恐后怨之因譖后挾左道祝詛帝信之策收璽綬后自至暴室以憂死

是月晦日食

初開西邸賣官

鮮卑寇酒泉

己未 二年

春大疫○地震

太尉橋玄罷

夏四月朔日食

詔黨錮從祖以下皆釋之

宦者王甫伏誅太尉段熲有罪自殺封中常侍呂强為都鄉侯不受綱目宦官可取者三呂强以賢楊復光以功張承業以忠舍是無取焉

中郎將張修殺匈奴單于徵下獄死

冬十二月殺司徒劉郃少府陳球尚書劉納衛尉陽球

哀其死不以罪不失其職且以甚當時之惡也

巴郡板楯蠻反

鮮卑寇幽并

庚申

三年

夏四月

秋地震

冬有星孛于狼弧

十二月立貴人何氏爲皇后

后本南陽屠家以選入掖庭生皇子辯故立之徵其兄進爲侍中後王美人生皇子協后酖殺美人帝怒欲廢后中官固請乃止

江夏蠻反

鮮卑寇幽并

蒼梧桂陽賊攻零陵太守楊琁擊破之

珍倣宋版印

作畢圭靈昆苑

辛酉 四年

夏

六月雨雹

秋九月朔日食

作列肆于後宮

交阯梁龍反以朱儁爲刺史擊斬之

鮮卑檀石槐死

子和連代立才力不及父而貪淫人射殺之子騫曼幼兄子魁頭立後騫曼與魁頭爭國衆遂離散魁頭死弟步度根立鮮卑自世祖二十一年始見綱目和帝永元五年書徙據匈奴地始盛至桓帝永壽二年檀石槐始盛強寖爲邊患二十六年矣

壬戌 五年

春正月詔公卿舉刺史二

漢靈帝光和五年

千石爲民害者
足發千古之一笑

二月大疫

夏四月旱

秋七月有星孛于太微

八月起四百尺觀

冬帝校獵上林苑

以桓典爲侍御史
京師語曰行行且止避驄馬御史

板楯蠻寇巴郡以曹謙爲太守降之

癸亥 六年

夏大旱

秋金城河溢

五原山岸崩

甲子 中平元年

春二月

三月赦黨人

黃巾賊張角等起

角鉅鹿人以妖術教授號太平道自稱大賢良師咒符水以療病四方徒衆數十萬角遂置三十六方方猶將軍也大方萬餘人小方六七千人各立渠帥皆著黃巾為幟角自稱天公將軍弟寶稱地公將軍梁稱人公將軍所在焚劫旬月之間天下響應

以后兄進為大將軍屯都亭

遣中郎將盧植討張角皇甫嵩朱儁討潁川黃巾

殺中常侍呂強侍中向栩郎中張鈞

三人皆宦者所疾者也故以無罪書殺

夏四月太尉楊賜免

帝問賜以黃巾事賜所對切直帝不悅坐寇賊免

五月

秋七月

八月

皇甫嵩朱儁與騎都尉曹操合軍討三郡黃巾破平之

三郡許州汝南陳國也曹操父嵩爲中常侍曹騰養子不能審其生出本末或云夏侯氏子也操少機警有權數舉孝廉爲郎至是平賊遷濟南相

交阯吏民作亂以賈琮爲刺史平之

盧植圍張角于廣宗檻車徵還遣中郎將董卓代之

巴郡張修反

遣皇甫嵩討張角角死至冬十月與角弟梁寶戰皆破斬之以

先零羌及涼州羣盜北宮伯玉等反

乙丑 二年

春正月大疫

二月南宮雲臺災

臺在洛陽縣東水南堡乃明帝圖功臣二十八將處也

嵩爲車騎將軍領冀州牧

朱儁擊南陽黃巾連破之

豫州刺史王允討黃巾破之徵下獄減死論

黑山賊褚燕降

自張角之亂所在盜賊並起博陵張牛角常山褚飛燕及黃龍左校于氐根張白騎劉石左髭丈八平漢大計司隸緣城雷公浮雲白雀楊鳳于毒五鹿李大目白繞眭固苦蝤之徒不可勝數張牛角死令其衆奉飛燕爲帥部衆寖廣殆至百萬號黑山賊河

三月以崔烈爲司徒

夏四月大雨雹

六月

秋七月螟

八月

北並受其害朝廷不能討燕乃遣使乞降遂拜燕爲平難中郎將使領河北諸山谷事

北宮伯玉等寇三輔遣皇甫嵩討之

北宮伯玉邊章韓遂皆涼州賊

封宦者張讓等十二人爲列侯

史曰以討張角功也破黃巾殺張角者盧植王允皇甫嵩也或檻車或下獄或收印綬而讓等乃以功封漢之亡決矣

罷皇甫嵩遣車騎將軍張溫代之

冬十月司空臨晉侯楊賜卒 諡曰文烈秉之子

十一月造萬金堂

丙寅

三年

春二月遣使就拜張溫爲太尉 三公在外始于溫

修南宮鑄銅人

夏五月晦日食

冬十月徵張溫還

殺諫議大夫劉陶前司徒陳耽

張溫擊涼州賊邊章韓遂不利十一月將軍董卓破走之

以宦者趙忠爲車騎將軍

武陵蠻反郡兵討破之

鮮卑寇幽并

丁卯 四年

春二月

漁陽張舉張純反 故中山相張純與故泰山太守張舉及烏桓大人邱力居等連盟劫略薊中衆至十餘萬屯肥如舉稱天子純稱彌天將軍移書州郡告天子避位敕公卿奉迎

冬十月

長沙區星反以孫堅爲太守討平之封堅爲烏程侯

前太邱長陳寔卒

戊辰 五年

春二月有星孛于紫宮

以劉焉爲益州牧以劉虞爲幽州牧 太常劉焉以王室多故建議以爲四方兵寇由刺史威輕且用非其人所致宜改置牧伯選清名重臣以居其任朝廷從其議州任之重自此始焉

黃巾餘賊寇太原河東

南匈奴右部反殺其單于羌渠 詔發南匈奴兵配劉虞討張純單于羌渠遣左賢王將騎詣幽州國人恐發兵無已于是右部醢落反與屠各胡合凡十餘萬人攻殺羌渠

珍倣宋版印

秋八月置西園八校尉

冬十月講武平樂觀

十一月

魯恭王之後虞東海恭王五世孫嘗爲幽州刺史

青徐黃巾復起

涼州賊王國圍陳倉以皇甫嵩爲左將軍討之

遣騎都尉公孫瓚討漁陽賊走之瓚遼西令支人

己巳 六年

春二月

劉虞討漁陽賊斬張純

皇甫嵩擊王國大破之

三月

劉虞討漁陽賊斬張純餘衆散降

夏四月朔日食

即拜劉虞爲太尉

帝崩皇子辯即位尊皇后曰皇太后太后臨朝封皇弟協爲陳留王

初帝數失皇子何后生辯養于道人史子眇家號曰史侯王美人生協董太后自養之號曰董侯羣臣請立太子帝以辯輕佻無威儀欲立協猶豫未決會疾篤屬協于蹇碩欲先誅何進而立協進稱疾不入辯即位年十四太后臨朝封協爲陳留王年九歲

以袁隗爲太傅與大將軍進參錄尚書事進收宦者蹇碩誅之

五月還孝仁皇后於河間驃騎將軍董重自殺六月后暴崩

御批

宦官張讓等恣行不法何進若止誅首惡則可矣乃必欲召兵盡殺而後快斯爲已甚太后所以不許也復召外兵以速亂則又愚極謬

孝仁本非國母然自何后言之猶爲其姑而遷之怖之使之至于殞滅可乎民間由是不附何氏

葬文陵在河南府城東北

秋七月大將軍進召董卓將兵詣京師太后詔罷誅宦官八月宦官張讓等入宮殺進劫太后帝出至河上司隸校尉袁紹捕宦者悉誅之帝還宮以卓爲司空

卓將兵脇太后固進召之實紹爲之書策也何異飲烏喙而攻疾疾未愈藥已殺人不如不飲之爲愈也

九月袁紹出奔冀州卓廢帝爲弘農王奉陳留王

宜其禍不旋踵皆因上之御下不得其道所以小人乘機而動自然之理也

協即位遂弒太后何氏卓議廢帝袁紹盧植止之不聽且怒獨袁隗從議卓遂脇太后策廢帝爲弘農王立協爲帝隗解帝璽綬扶下殿北面稱臣太后鯁涕卓又議太后遷董太后至憂死乃遷永安宮酖殺之

卓自爲太尉領前將軍事

遣使弔祭陳蕃竇武及諸黨人復其爵位

自六月雨至于是月

冬十月葬靈思皇后

十一月卓自爲相國贊拜不名入朝不趨劍履上殿

卓自爲太尉領前將軍事

卓自爲相國

珍倣宋版印

十二月徵處士申屠蟠不至

以黃琬爲太尉楊彪爲司徒荀爽爲司空

孝獻皇帝

名協靈帝次子在位三十一年壽五十四歲

庚午初平元年

春正月卓弑弘農王

廢君書弑自董卓始終綱目廢君而弑之者二十弘農王宋零陵王營陽王齊汝陰王海陵王涪陵王梁巴陵王魏王恭安定王東海王齊中山王梁主綱魏主欽周宋公陳江陰王齊濟南王隋介公後梁濟陰王後唐鄂王漢湘陰公

卓奏免太尉琬司徒彪

以袁紹爲渤海太守

關東州郡起兵討卓推袁紹爲盟主

以王允爲司徒

三月卓遷都長安燒洛陽宮廟發諸帝陵車駕西遷

卓殺太傅袁隗滅其家

夏四月省孝和以下廟號從蔡邕之議也

以公孫度爲遼東太守

以劉表爲荊州刺史

長沙太守孫堅舉兵討卓將軍袁術據南陽表堅領豫州刺史

曹操與卓兵戰于滎陽不克還屯河內

以劉虞爲太傅

司空荀爽卒

辛未 二年

春正月

關東諸將奉大司馬劉虞爲帝虞不受虞曰今天下崩亂主上蒙塵吾被重恩未能清雪國恥諸君各據州郡宜共戮力王室而反造逆謀以相垢汙耶紹等乃止

珍倣宋版印

二月卓自爲太師

夏四月卓至長安

六月地震

冬十月

卓自爲太師

孫堅進兵擊卓卓敗西走堅入洛陽修塞諸陵而還

卓至長安

袁紹逐冀州牧韓馥自領州事

袁紹表曹操爲東郡太守

以劉備爲平原相

備涿郡人中山靖王之後少孤貧與母以販履爲業有大志少語言喜怒不形于色嘗與瓚同師盧植因往依瓚至是瓚使與其將田楷徇青州有功因以爲平原相備少與河東關羽涿郡張飛友善以飛羽爲別部司馬分統部曲恩若兄弟常山趙雲爲郡將兵詣瓚劉備見

黃巾寇渤海校尉公孫瓚擊破之

河南尹朱儁移書州郡
徵兵討卓

壬申 三年
夏四月詔王允錄尚書事
以呂布爲奮威將軍共
秉朝政
李傕郭汜舉兵犯闕殺
司徒王允

秋九月

而奇之深加接納雲遂從備至平原爲備主騎兵

朱儁徵兵討卓卓遣
李傕郭汜擊破之

王允使呂布誅董卓
黃巾寇兗州殺刺史
劉岱曹操入據兗州
自稱刺史
李傕郭汜等舉兵犯
闕殺司徒王允呂布
走出關
傕汜董卓部將也求赦不得以賈詡之言爲卓報仇舉兵犯闕眞叛賊也

李傕郭汜樊稠張濟
自爲將軍

冬十月

以劉表爲荊州牧

以馬騰爲將軍屯郿

曹操遣使上書

徵朱儁爲太僕

癸酉四年

春正月朔日食

袁術進兵封邱曹操擊破之術走壽春自領揚州事

袁紹以其子譚爲青州刺史

三月以陶謙爲徐州牧

魏郡兵與黑山賊于毒等共覆鄴城

夏六月大雨雹○華山崩裂

袁紹擊于毒左髭丈八等皆斬之

冬十月地震

有星孛于天市

大司馬劉虞討公孫瓚不克見殺

十一月地震

漢獻帝初平四年

甲戌 興平元年

春正月帝冠

二月追尊母王夫人爲靈懷皇后

夏五月

六月京師地再震○晦日食自四月不雨至于七月

秋九月

劉備救陶謙謙表備爲豫州刺史 曹操擊徐州徐州牧陶謙走于郯告急于田楷楷與備救之謙表備領豫州

郭汜樊稠自開府如三公

劉焉卒以其子璋爲益州牧

陶謙卒劉備兼領徐州

以劉繇爲揚州刺史

袁術表孫策爲懷義校尉 初孫堅娶錢塘吳氏生四男策權翊匡及一女家壽春策十餘歲即與舒人周瑜結好及堅死策年十七即有

乙亥 二年

春二月李傕劫帝入其營

夏四月立貴人伏氏爲皇后帝幸北塢

六月將軍張濟迎帝東歸

冬十月

十二月帝至弘農張濟與傕汜合追帝至陝帝渡河入李樂營

岱之弟也

復營志往見袁術術奇之卒以堅兵千餘人還策拜懷義校尉

拜袁紹爲右將軍

李傕殺樊稠攻郭汜劫帝入其營

郭汜攻李傕傕遷帝于北塢時帝在南塢傕在北塢

李傕自爲大司馬

以曹操爲兗州牧

丙子 建安元年

春二月修雒陽宮

秋七月帝還雒陽

曹操入朝自爲司隸校尉錄尚書事

帝幸許

曹操入朝自爲司隸校尉錄尚書事

曹操還帝于許自爲大將軍封武平侯

孫策取會稽太守王朗降

冬十月

詔劉備爲豫州牧遣東屯沛

以袁紹爲太尉曹操自爲司空

操以大將軍讓紹而自爲司空

丁丑 二年

春正月

以鍾繇爲司隸校尉督關中諸軍

袁術稱帝殺故兗州刺史金尚

	三月 夏五月蝗 下故太尉楊彪獄尋赦出之		以袁紹爲大將軍兼督冀青幽并四州 以孫策爲會稽太守討袁術	
戊寅 三年	夏四月 冬	以劉備爲左將軍	詔將軍段煨等討李傕夷三族 曹操擊呂布殺之 以孫策爲討逆將軍封吳侯 袁紹攻公孫瓚圍之	
己卯 四年	春三月		公孫瓚自焚死 詔漁陽太守鮮于輔	袁紹承制以烏桓蹋頓爲單于

夏

秋八月

冬十一月

劉備起兵徐州討曹操操遣兵擊之

自曹操劫遷天子以來天下已非漢有董承以元舅之尊親承密詔與昭烈謀誅操而不克故昭烈在徐因遂起兵然前史未有書其討操者獨范史載董承等受密詔誅操其立義頗精然不言昭烈討操之舉至陳壽志魏反謂董承等謀

都督幽州

以董承爲車騎將軍

初烏桓王丘力居死子樓班年少從子蹋頓有武略代立袁紹攻公孫瓚蹋頓助之紹承制皆賜以單于印綬又以閻柔得烏桓心因加寵慰以安北邊其後諸部奉樓班爲單于以蹋頓爲王然蹋頓猶秉計策

袁術北走詔劉備將兵邀之術還走死

曹操進軍黎陽九月還許分兵守官渡

珍倣宋版印

庚辰 五年

春正月

二月

曹操殺車騎將軍董承遂擊備破之備奔冀州

反伏誅其謬妄無理莫甚于此及其志蜀始于昭烈稱漢中王之下錄其與董承等同謀誅操之語此則實事難泯不可得而曲說者也綱目于此特筆起義其曰起兵徐州討曹操者正所以扶三綱立人極誅亂臣賊子于千百載之下使古今大義無時而不明要使逆亂之徒終無以自立于天下其垂世教也大矣

曹操還官渡袁紹進軍黎陽夏四月紹遣兵攻白馬操擊破之斬其將顏良文醜

孫策卒弟權代領其衆

秋

九月朔日食

冬十月有星孛于大梁

袁紹遣劉備略汝潁曹操擊走之備復以紹兵至汝南

袁紹攻曹操于官渡

劉表攻長沙零陵桂陽皆下之

以孫權爲討虜將軍

辛巳 六年

春三月朔日食

秋九月

曹操擊劉備于汝南備奔荊州

張魯取巴郡詔以魯爲漢寧太守

壬午 七年

春正月

夏五月

曹操復進軍官渡

袁紹卒幼子尚襲行州事長子譚出屯黎陽操攻敗之曹操責

珍倣宋版印

癸未 八年 春二月	曹操攻黎陽譚尚敗走夏四月操追至鄴而還譚攻尚不克	孫權任子權不受命
甲申 九年 秋七月 冬十月有星孛于東井 十二月	曹操入鄴自領冀州牧	
	曹操攻平原拔之袁譚走保南皮 公孫度卒子康襲行郡事	
乙酉 十年 春正月	曹操攻南皮克之斬袁譚	

夏四月

幽州將吏逐刺史袁熙遣使降操熙尚俱奔烏桓

黑山賊帥張燕降

丙戌 十有一年

春正月有星孛于北斗

烏桓寇邊

丁亥 十有二年

春二月

曹操封功臣爲列侯 功臣何滅袁氏者也

夏

曹操擊烏桓秋八月破之斬蹋頓袁熙袁尚奔遼東公孫康斬之

曹操擊烏桓破之斬蹋頓

冬十月有星孛于鶉尾

劉備見諸葛亮于隆中 亮寓居隆中每自比管仲樂毅時備

孫權母吳氏卒 吳氏病篤引見張昭屬以後事而卒

戊子　十有三年

春正月

依劉表屯新野訪士于司馬徽徽曰識時務者在乎俊傑此間自有伏龍鳳雛備問爲誰曰諸葛孔明龐士元也徐庶亦曰孔明臥龍也備詣亮凡三往乃見之曰曹操擁百萬衆挾天子而令諸侯此誠不可與爭鋒孫權據江東國險而民附此可與爲援而不可圖也荊州北據漢沔利盡南海東連吳會西通巴蜀此用武之國而其主不能守此殆天所以資將軍也益州險塞沃野千里天府之土劉璋闇弱張魯在北民殷國富而不知存卹知能之士思得明君將軍既帝室之胄信義著于四海若跨有荊益保其巖阻則伯業可成漢室可興矣備得亮甚歡

曹操還鄴作元武池以肄舟師

月		
夏六月曹操自爲丞相		操自爲丞相
秋七月		曹操擊劉表
八月	劉表卒次子琮嗣	操殺大中大夫孔融夷其族
九月	劉琮舉州降操 劉備奔江陵操追至當陽及之備走夏口時備屯樊琮降而不以告備覺而操已在宛矣備將其衆去	操至新野表子琮舉州降 操進軍江陵
冬十月朔日食		曹操東下孫權遣周瑜魯肅等與劉備迎擊于赤壁大破之操引還今江漢間言赤壁者五漢陽漢川黃州嘉魚江夏惟江夏之說合于史
十二月	劉備徇荊州江南諸郡降之	孫權圍合肥

珍做宋版印

己丑	十有四年 冬十二月	劉備領荊州牧 孫權表之也	
庚寅	十有五年 春二月朔日食 冬	劉備以龐統爲治中從事	曹操作銅雀臺于鄴 孫權南郡守將周瑜卒以魯肅代領其兵
辛卯	十有六年 春正月 冬	劉璋遣使迎劉備備	曹操以其子丕爲五官中郎將爲丞相副 前此未有丞相副者操之專于是爲甚自是司馬昭以其子炎副相國高歡遣世子澄入鄴輔政徐温留子知訓江都輔政皆操之教也

壬辰 十有七年
春正月
夏五月
六月晦日食
秋七月螟
冬十月
十二月有星孛于五諸侯
癸巳 十有八年
夏五月曹操自立爲魏公
加九錫

留兵守荊州而西璋
使備擊張魯

劉備據涪城

曹操還鄴贊拜不名
入朝不趨劒履上殿

誅馬騰夷三族

孫權徙治建業

權作濡須塢

曹操擊孫權至濡須

荀彧自殺

曹操自立爲魏公加
九錫

秋七月魏公操納三女爲貴人

書以下納上操一人而已

冬十一月

甲午 十有九年

春三月魏公操進位諸侯王上

夏四月旱

閏五月

七月

以冀州十郡封曹操爲魏公以丞相領冀州牧如故又加九錫

魏始建宗廟社稷

魏初置尚書侍中六卿

魏公操進位諸侯王上

馬超奔劉備備入成都自領益州牧以諸葛亮爲軍師將軍

枹罕宋建反冬十月

討斬之諸羌皆降建自號平漢王

冬十一月魏公操弑皇后伏氏及皇子二人

乙未 二十年

春正月立貴人曹氏為皇后操之女也

夏五月

冬十一月

劉備孫權分荊州備使關羽守江陵權使魯肅屯陸口

劉備遣兵擊巴賨破之

丙申 二十有一年

夏四月魏公操進爵為王

魏公操進爵為王操

珍倣宋版印

操殺尚書崔琰

五月朔日食

秋七月

八月

殺尚書崔琰

魏以鍾繇爲相國

南匈奴單于入朝于魏遂留居鄴

初南匈奴居塞內與編戶大同而不輸貢賦議者恐其戶口滋蔓浸難禁制欲豫爲之防至是單于呼廚泉入朝于魏操因留之于鄴使右賢王去卑監其國單于歲給綿絹錢穀如列侯子孫襲號分其衆爲五部各立其貴人爲帥選漢人爲司馬以監督之○去卑右賢王名大夏赫連氏卽其裔也

丁酉 二十有二年

春正月

魏王操擊孫權軍三月權降

夏四月

魏王操用天子車服出入警蹕

六月

魏以華歆爲御史大夫

冬十月

劉備進兵漢中

魏以世子丕爲王太子

初操娶丁夫人無子妾劉氏生子昂卞氏生四子丕彰植熊植性機警才藻敏贍操愛之欲以爲嗣丕以長子嘗求自固之術于賈詡他日操問詡詡不對操問故詡曰屬有所思問何思曰思袁本初劉景升父子耳操大笑卒立丕爲嗣

孫權陸口守將魯肅卒以呂蒙代之

戊戌

二十有三年

春正月少府耿紀司直韋晃起兵討魏公操不克

漢獻帝建安二十四年

死之

三月有星孛于東方

夏四月

代郡上谷烏桓反魏王操遣其子彰擊破之

己亥二十有四年

春正月

劉備擊夏侯淵破斬之

二月晦日食

魏王操出斜谷劉備將趙雲擊敗之

三月

夏五月

劉備取漢中

秋七月

劉備自立為漢中王備設壇場于沔陽羣臣陪位奏以備為漢中王讀訖備拜受璽綬御王冠

魏王操號其夫人為王后

八月

冬十月

立子禪爲王太子拔魏延領漢中太守以鎮漢川備還治成都

魏王操殺丞相主簿楊修

孫權使呂蒙襲取江陵魏王操帥師救樊關羽走還權邀斬之

十二月蒙卒

以孫權爲驃騎將軍領荊州牧

庚子 二十有五年

按紫陽書院刊本作延康元年按改元例注曰建安二十五年改元延康考之范史及陳志注文是漢號而通鑑所書乃若曹丕稱王時所改者今不能悉見則此當從閩本及提要作二十五年爲是

春正月

二月朔日食

冬十月魏王曹丕廢帝爲山陽公

天生烝民立之司牧天下不可以無君也天無二日民無二王天下不可以二君也自唐虞禪繼舜禹承之循其名可以責其實古人豈假此以欺天下哉成湯放桀惟有慙德武王伐紂義士非之湯武不失爲聖人商周不失爲正統亦惟求其實耳後世欺孤弱寡篡竊相尋考其實皆羿浞莽卓之徒而求其名乃欲高出商周之上前史信其僞辭衰世襲其遺蹟一則曰禪位二則曰受禪胡爲自漢而

丞相冀州牧魏王曹操還至洛陽卒太子丕立自爲丞相冀州牧

魏立法自今宦者官不得過諸署令

魏王曹丕稱皇帝廢帝爲山陽公

李伏許芝等言魏當代漢見于圖緯魏之羣臣因表勸丕篡位至是帝乃告祠高廟遣使持節奉璽綬詔策禪位于魏魏王丕上書三讓乃爲壇于繁陽即皇帝位改元黃初

下一何堯舜之多邪今觀綱目于此直以稱帝廢主大書于冊至于傳禪之說絕不復舉斯言一出諸史皆廢豈綱目好爲立異哉亦不過求其實而已

十二月

魏主丕如洛陽營宮室

魏徙冀州士卒家實河南

歷代統紀表卷之四

歷代統紀表卷之五

偃師殷長基述　孫鼎鑰 鼎鈞校刊

季漢

漢景帝第九子中山靖王勝之後至昭烈帝在蜀即位都益州即今四川成都府凡二傳共四十三年

綱目發明三代而下惟漢得天下爲正誅無道秦討逆賊羽傳祚踰四百年尺地一民莫非漢有至桓靈不君董卓煽禍英雄羣起而攻之卓既誅則天下固漢之天下也曹操乘時擅命脅制天子戕殺國母義士爲之歎憤苟有一夫倡義皆君子之所予況堂堂帝室之胄英名蓋世者乎丕既簒立漢祀無主昭烈正位蜀漢親承大統名正言順本無可疑自陳壽志三國全以天子之制予魏而以列國待漢故通鑑因之以魏紀年至綱目始以昭烈承獻帝之後紹漢遺統固非曲立異說好爲矛盾特通鑑自謂姑取其年以紀諸國之事非尊此卑彼有正閏之辨此蓋因史筆以紀述初不別立義例故其說不得不取于彼若夫綱目則取春秋之義以示天下萬世之正論所以因操丕之簒竊大義莫得而伸幸有昭烈足以存漢氏之統故其說不得不出于此二者固並行而不悖要亦有待于互相發明之意也

通鑑昭烈雖云係中山靖王之後然不能紀其世次與南唐稱吳王恪後

漢昭烈帝章武元年

珍倣宋版印

無異故不敢以後漢東晉爲比使得紹漢氏之遺統按陳壽志昭烈涿郡人中山靖王勝之後勝子正元狩六年封涿縣陸城亭侯坐酎金失侯因家焉祖雄父宏生昭烈其世次本末甚明又按歐陽修五代史載南唐世家李昪徐州人世本微賤父榮遇唐末之亂不知所終昪少孤楊行密養以爲子又乞與徐温因冒姓徐至篡吳之後始復姓李自言唐憲宗子建王恪之後及考以通鑑則曰唐主欲祖吳王恪或曰恪誅死不若祖鄭王元懿唐主命有司考二王苗裔以吳王孫禕有功禕子峴爲宰相遂祖吳王自峴五代至父榮其名率皆有司所撰此與昭烈大相遼絶況諸葛一見昭烈首稱將軍帝室之胄及後求救孫權亦以豫州王室之胄對權稱之亮固非妄言者也是以張松之說劉璋且謂豫州使君之宗室而異時苻堅答苻融諫伐晉之語亦曰劉禪可非漢之遺祚然亦爲中國所幷然則昭烈之爲漢裔顯顯無疑以之紹統夫復何說是年曹丕旣立昭烈卽正位號不使漢統墜地深合事宜其與光武卽位于鄗晉元卽位江左先後一轍固非與他僭竊急于自帝者之比此正統系所關故歷考顛末詳辨之以告後之君子亦使朱氏秉筆之志暴白于天下云

割據

外國

昭烈皇帝

名備中山靖王勝之後都西蜀在位三年壽六十三

辛丑

章武元年

大書章武之元紹昭烈于高光也魏簒立吳割據昭烈親中山靖王之後名正言順舍此安歸故曰統正于下而人道定矣

春正月

夏四月漢中王即皇帝位

改元

蜀中傳言帝已遇害于是漢中王發喪制服謚曰孝愍皇帝羣下勸王稱尊號王遂即帝位于武擔之南○在武都城北二百步

以諸葛亮爲丞相

立宗廟祫祭高皇帝以下

魏黃初二年

魏封孔羨爲宗聖侯

羨孔子二十二世孫

孫權徙治武昌

權自公安徙都于鄂更名鄂曰武昌

五月立夫人吳氏爲皇后子禪爲皇太子

六月晦日食

秋七月帝自將伐孫權車騎將軍張飛爲其下所殺

八月

冬十月

	魏殺夫人甄氏甄氏丕正妃也生子叡 魏祀太祖于建始殿			魏以楊彪爲光祿大夫 魏遣使求珍物于孫權
		帝自將伐孫權權請和不許遂遣陸遜督諸將拒守	孫權遣使降魏魏封權爲吳王城武昌 孫權立子登爲太子	

珍倣宋版印

壬寅 二年

春正月朔日食

二月帝進軍猇亭

三月

夏六月猇亭敗績帝還永安

秋九月

冬十月晦日食

魏黃初三年	魏立子弟爲王 子叡爲平原王弟鄢陵公彰等皆進爵爲王		魏立法自今后家不得輔政 立法宦者不得過諸署令后家不得輔政亦可謂善防患者矣 魏立貴嬪郭氏爲后	魏作壽陵
吳孫權黃武初年		吳陸遜進攻猇亭蜀軍敗績		吳王權改元拒魏十

一月魏主丕自將擊之不克

癸卯 三年 後主建興元年

後主名禪昭烈之子在位四十一年降于魏

謹按凡例凡正統之君曰帝無統之君僭稱帝者曰主綱目漢中王即皇帝位統斯正矣而于其子獨曰後主何哉且自建興以至炎興用天子制以臨四方實四十年豈于即位正始之年不帝乃曰後主乎陳志昭烈稱先主綱目革其號大書昭烈皇帝而後主未革舊史蓋當時錄者因史舊文而朱子偶未及改也

夏四月帝崩于永安丞相亮受遺詔輔政五月奉喪還成都太子禪即位尊皇后曰皇太后封亮

魏黃初四年

吳黃武二年

珍倣宋版印

爲武鄉侯領益州牧

諸葛亮至永安帝病篤命亮輔太子禪謂亮曰君才十倍曹丕必能安國終定大事嗣子可輔則輔之如其不可君可自取亮涕泣曰臣敢不竭股肱之力効忠貞之節繼之以死

六月益州郡耆帥雍闓等以四郡叛

秋八月立皇后張氏

后飛之女也

甲辰

後主建興二年

夏四月

秋八月

魏以鍾繇爲太尉

魏黃初五年

魏立太學

魏以舟師擊吳臨江

吳黃武三年

冬十一月晦日食

乙巳 三年

春三月丞相亮南征 討雍闓等也

夏五月

六月

秋七月丞相亮討雍闓斬之遂平四郡

丙午 四年

夏五月

而還

魏黃初六年

魏以舟師伐吳

魏黃初七年

魏主丕卒子叡立

吳黃武四年

吳以顧雍爲丞相

吳黃武五年

年	漢	魏	吳
	秋八月		吳圍魏江夏不克吳攻襄陽魏撫軍司馬懿擊破之
	冬	魏徵處士管寧不至	
丁未 五年		魏主叡太和初年	吳黃武六年
	春二月 三月丞相亮率諸軍出屯漢中以圖中原	魏大營宮室	
	冬十二月魏孟達以新城來歸魏將軍司馬懿帥兵攻之	魏立貴嬪毛氏為后	
戊申 六年		魏太和二年	吳黃武七年

己酉 七年

春正月魏陷新城孟達死之丞相亮伐魏戰于街亭敗績詔貶亮右將軍行丞相事

街亭之敗違命者馬謖耳而以丞相亮書之者權歸主將也

夏四月

五月大旱

冬十二月右將軍亮伐魏圍陳倉不克而還斬其追將王雙

魏太和三年

魏以徐邈爲涼州刺史

魏以公孫淵爲遼東太守

吳黃龍初年

吳人誘魏揚州牧曹休戰于石亭大敗之

吳太司馬呂範卒

漢	魏	吳
春右將軍亮伐魏拔武都陰平復拜丞相		
夏四月遣衞尉陳震使吳及吳主權盟		吳王孫權稱皇帝以張昭爲輔吳將軍
秋七月	魏制後嗣有由諸侯入奉大統者不得顧私親（爲擇建支子以繼大宗者言也後嗣萬一有由諸侯入奉大統則當明爲人後之義敢爲導諛建非正之號以干正統謂考爲皇稱妣爲后則股肱大臣誅之無赦）	
九月		吳遷都建業使上大將軍陸遜輔太子登守武昌
冬十二月築漢樂二城		

庚戌 八年

秋七月魏寇漢中丞相亮出次成固九月魏師還

冬十二月丞相亮以蔣琬爲長史

魏太和四年

魏主叡如許昌

吳黃龍二年

辛亥 九年

春二月丞相亮伐魏圍祁山

自十月不雨至于三月

夏五月丞相亮敗魏司馬懿于鹵城殺其將張郃

秋八月

魏太和五年

魏令其宗室王侯朝明年正月

吳黃龍三年

漢	魏	吳
冬十月 十一月晦日食		吳人誘敗魏兵于阜陵
壬子 十年 春三月 秋九月	魏太和六年 魏主叡東巡 魏治許昌宮以劉曄爲大鴻臚	吳嘉禾初年 吳遣使如遼東徙其騎都尉虞翻于蒼梧
癸丑 十有一年 春正月	魏青龍初年 青龍見魏摩陂井中 二月魏主叡往觀之	吳嘉禾二年 吳遣使拜公孫淵爲燕王 初淵數與吳通魏主叡嘗伐之不克又遣校尉宿舒等奉表于吳稱臣吳主權大悅遣張彌等將金寶珍貨九

夏閏五月朔日食

六月以馬忠爲庲降都督

魏洛陽宮鞠室災

錫備物乘海投淵封爲燕王舉朝諫之不聽

公孫淵斬吳使者獻首于魏魏封淵爲樂浪公

甲寅 十有二年

春二月丞相亮伐魏

三月

夏四月丞相亮進軍渭南

魏大將軍司馬懿引兵拒守亮始分兵屯田

魏青龍二年

魏山陽公卒

謚曰孝獻皇帝魏主叡素服發喪山陽傳國至晉永嘉中乃爲胡寇所滅

魏大疫崇華殿災

吳嘉禾三年

珍倣宋版印

		漢	魏	吳
		秋八月丞相武鄉侯諸葛亮卒于軍長史楊儀引軍還前軍師魏延作亂楊儀擊斬之以吳懿爲車騎將軍督漢中蔣琬爲尚書令總統國事	魏葬漢孝獻皇帝于禪陵	吳以諸葛恪爲丹陽太守
乙卯	十有三年	春正月中軍師楊儀有罪廢徙漢嘉自殺 夏四月以蔣琬爲大將軍錄尚書事費禕爲尚書令	魏青龍三年 魏太后郭氏卒 魏主叡數問甄后死狀于太后由是太后以憂卒 魏作洛陽宮	吳嘉禾四年

秋七月	八月		冬十月	丙辰 十有四年	春	三月
魏崇華殿災	魏立子芳為齊王詢為秦王 魏主叡無子養二王為己子或云芳任城王楷之子也	魏復立崇華殿	魏中山王袞卒	魏青龍四年		
				吳嘉禾五年	吳鑄大錢 一當五百	婁侯張昭卒
			魏殺鮮卑軻比能 先是軻比能誘保塞鮮卑步杜根以叛殺魏將軍蘇尚董弼二人遂走幕北復殺步杜根至是幽州刺史王雄使人刺殺之種落離散邊陲遂安			

珍倣宋版印

夏四月帝如湔觀汶水旬日而還汶水在成都府城南七里

冬十月有星孛于大辰又孛于東方一月再孛大異也

魏司空陳羣卒

魏令公卿舉才德兼備之士

武都氐王苻健降

丁巳 十有五年

漢後主建興十五年

魏景初元年

吳嘉禾六年

春正月

魏黃龍見以三月爲夏四月建丑也三代改正不改月數今改三月爲四月是以春爲夏矣

夏六月

魏制三祖爲不毀之廟

秋七月皇后張氏崩
葬敬哀皇后于南陵
九月
冬十月

魏擊遼東不利公孫淵自稱燕王
魏主叡殺其后毛氏
魏營圜方丘南北郊
魏鑄銅人起土山于芳林園
光祿勳高堂隆卒
作考課法不果行

吳以諸葛恪爲威北將軍

戊午 延熙元年
春正月
二月立貴人張氏爲皇后 前后敬哀之妹也

魏景初二年
魏遣太尉司馬懿擊遼東

吳赤烏初年
吳鑄當千大錢

珍倣宋版印

立子璿爲皇太子

秋八月

冬十二月蔣琬出屯漢中

魏司馬懿克遼東斬公孫淵

魏主叡有疾立郭夫人爲后召司馬懿入朝以曹爽爲大將軍

己未 二年

魏景初三年

吳赤烏二年

春正月

魏司馬懿至洛陽與爽受遺輔政魏主叡卒太子芳立

二月

魏以司馬懿爲太傅何晏爲尚書

夏以蔣琬爲大司馬

冬十月

吳遣將軍呂岱屯武

	十二月	正 魏復以建寅之月爲	昌
庚申 三年	春以張嶷爲越巂太守 冬	魏主曹芳正始初年	吳赤烏三年 吳饑
辛酉 四年	夏四月蔣琬徙屯涪	魏正始二年 管寧卒于魏	吳赤烏四年 吳太子登卒
壬戌 五年		魏正始三年	吳赤烏五年

珍倣宋版印

年	漢	魏	吳
	春正月監軍姜維自漢中徙屯涪		吳立子和爲太子霸爲魯王
癸亥 六年	夏五月朔日食既 冬十月遣前監軍王平督漢中 十一月以費禕爲大將軍錄尚書事	魏正始四年	吳赤烏六年
甲子 七年	春正月 三月魏曹爽寇漢中費禕督諸軍救之 夏四月朔日食	魏正始五年	吳赤烏七年 吳以陸遜爲丞相

漢後主延熙七年

五月 冬以費禕兼益州刺史董允守尚書令	魏軍退走	
乙丑 八年 春 秋八月皇太后吳氏崩 葬穆皇后于惠陵 冬十一月大司馬蔣琬卒 十二月尚書令董允卒以宦者黃皓爲中常侍	魏正始六年	吳赤烏八年 吳殺其太子太傅吾粲 吳丞相陸遜卒
丙寅 九年	魏正始七年	吳赤烏九年

珍倣宋版印

漢後主延熙十年

春

秋九月赦

以姜維為衛將軍與費禕並錄尚書事

吳以步隲為丞相 隲淮陰人

吳分荊州為二部 以呂岱督右部自武昌以西至蒲圻諸葛恪督左部鎮武昌

吳罷大錢

魏擊高句驪克丸都 丸都山名在朝鮮國城東北漢時高句驪王伊夷模都于此至晉為慕容皝所破

丁卯 十年

春二月日食

魏正始八年

魏遷其太后于永寧宮 曹爽用何晏謀遷太后擅朝政多樹親黨司馬懿不能禁遂稱疾不與政事

吳赤烏十年

吳作太初宮 用武昌宮材瓦

戊辰 十有一年

夏四月

五月費禕出屯漢中

魏正始九年

魏以徐邈爲司空不受

吳赤烏十一年

己巳 十有二年

春正月魏護軍夏侯霸來奔

魏嘉平初年

魏司馬懿殺曹爽及何晏等夷其族司馬懿自爲丞相加九錫辭不受

謹按古者國家大臣受遺輔政安危之所繫焉漢武帝命霍光昭烈命孔明君能知臣臣能盡忠可謂兩得之矣以唐太宗賢明猶不能知李勣致有武氏之亂況其國嗣主安能知其僭

吳赤烏十二年

秋姜維伐魏雍州不克

冬十二月

庚午 十有三年

秋

冬十一月

臣平當曹魏時司馬懿雖有無君之心而未得專國之權明帝屬以後事者是授以國命也因而廢弒三主卒篡其國皆由臥內一言以召之

魏光祿大夫徐邈卒

魏嘉平二年

吳赤烏十三年

吳廢其太子和殺魯王霸及將軍朱據

吳立子亮爲太子

初潘夫人有寵于吳主生少子亮權愛之全公主既與太子和有隙數稱亮美權以魯王霸結朋黨以害其兄心亦惡之遂有廢和立亮之心至昰乃幽太子和朱據諫之不聽卒廢和爲庶人徙故鄣賜霸死據尋亦賜

辛未 十有四年

夏四月

秋八月

吳作堂邑塗塘

死明年立潘氏爲后

魏嘉平三年

魏司馬懿殺太尉王淩及楚王曹彪子操遂置諸王公于鄴

魏主芳制于彊臣時都督王淩以楚王彪有智勇欲共立之迎都許昌淩謀泄懿討淩淩飲藥死賜楚王彪死盡錄諸王公置于鄴使有司察之不得與交關

魏太傅司馬懿卒以其子師爲撫軍大將軍錄尙書事

吳大元初年

魏分匈奴左部爲二國

初太祖留單于呼廚泉于鄴分其衆爲五部居幷州境內左賢王劉豹爲左部帥部族最強鄧艾上言割爲二國以分其勢

冬十一月費禕北屯漢壽
以陳祇守尚書令

吳以諸葛恪爲太子太傅總統國事

時吳主權頗知太子和無罪欲召還全公主止之權以亮幼議所付托孫峻薦恪恪至建業見吳主于臥內受詔以大將軍領太子太傅有司諸務一統于恪

壬申 十有五年

春正月

魏嘉平四年

魏以司馬師爲大將軍

吳主孫亮建興初年

吳立故太子和爲南陽王居長沙奮爲齊王居武昌休爲琅琊王居虎林

夏四月

吳主權卒太子亮立以諸葛恪爲太傅徙齊王奮于豫章

癸酉 十有六年

春正月盜殺大將軍費禕

盜即姜維攻魏所獲之郭循也

二月

夏四月姜維伐魏圍狄道

冬十月

魏嘉平五年

吳建興二年

吳諸葛恪擊魏

吳殺其太傅諸葛恪以孫峻爲丞相

吳殺其南陽王和

和妃張氏恪甥也峻因此賜和死張妃亦自殺其妾何氏曰若皆從死誰當字孤遂撫育其子皓及諸姬子德謙俊皆賴以全齊王奮聞恪誅欲至建業觀變傅相諫奮殺之亦坐廢爲庶人

甲戌 十有七年

春二月

夏姜維伐魏

秋九月

魏嘉平六年曹髦正元元初年

魏司馬師殺中書令李豐及太常夏侯玄光祿大夫張緝遂廢其后張氏

終綱目書后爲臣所廢者三魏張后晉賈后羊后

魏司馬師廢其主芳爲齊王遷河內冬十月迎高貴鄉公髦立之

師以太后令召羣臣議以魏主芳荒

吳五鳳初年

淫無度不可以承天緒乃奏收璽綬歸藩于齊立彭城王據太后曰彭城王季叔也今來我當何之高貴鄉公文皇帝長孫明皇帝弟子于禮小宗有後大宗之義其詳議之師乃更召羣臣議迎髦于元城髦東海定王霖之子也時年十四

乙亥 十有八年

春正月

秋七月

八月姜維伐魏敗其兵于洮西遂圍狄道不克而還

魏正元二年

魏大將軍司馬師卒師弟昭自爲大將軍錄尚書事

吳五鳳二年

吳孫峻殺朱公主 朱公主朱據之妻吳大帝之女

吳始作太廟

丙子 十有九年

春正月以姜維爲大將軍

夏四月

秋八月

丁丑 二十年

夏四月

六月姜維伐魏

魏甘露初年

魏司馬昭始服袞冕赤舄

魏主髦視學

魏司馬昭自爲大都督奏事不名假黃鉞

吳太平初年

吳孫峻卒以其從弟綝爲侍中輔政

吳大司馬呂岱卒

魏甘露二年

魏揚州都督諸葛誕起兵討司馬昭

昭奉其主髦攻之吳人救之不克而還

吳太平二年

吳主亮始親政

戊寅 景耀元年	魏甘露三年	吳主休永安初年
春二月姜維引兵還	魏司馬昭拔壽春殺諸葛誕	
夏五月	魏司馬昭自爲相國封晉公加九錫復辭不受	
秋八月	魏主養老乞言于太學以王祥爲三老以鄭小同爲五更	
九月		吳孫綝廢其主亮爲會稽王
冬十月		迎立琅琊王休休以綝爲丞相封兄子皓爲烏程侯

十二月詔漢中兵屯漢壽守漢樂二城

吳孫綝伏誅

己卯 二年

春正月

秋八月陳祇卒以董厥爲尚書令諸葛瞻爲僕射 瞻琅琊陽都人亮之子

魏甘露四年

黃龍二見魏寧陵井中 魏王髦作潛龍詩以自諷龍見井中叡以之改元而髦以之自諷亦足覘二人之識趣矣

吳永安二年

庚辰 三年

魏主奐景元元年

吳永安三年

春正月朔日食

夏五月

六月

冬以董厥諸葛瞻爲將軍共平尚書事樊建爲尚書令

魏景元二年

魏司馬昭弑其主髦于南闕下尚書王經死之

魏主奐立

奐燕王宇之子也本名璜封常道鄉公司馬昭迎之更名奐年十五矣

吳永安四年

吳會稽王亮自殺

會稽謠言亮當還爲天子而亮宮人告亮禱祠有惡言吳主遂黜亮爲侯官侯亮自殺

鮮卑索頭貢質于魏

鮮卑索頭部世居北荒不交南夏至可汗毛始彊大統國三十六大姓九十九後五世至可汗推寅南遷大澤又七世至可汗鄰使其兄弟七人及族人乙旃氏車焜氏分統部衆爲十族鄰老以位授其

珍倣宋版印

御批　阮籍輩皆崇尚虛無蔑禮敗度當時士

壬午　五年

秋八月

冬十月姜維伐魏洮陽不克

魏景元三年

魏司馬昭殺中散大夫嵇康

康與阮籍阮咸山濤向秀王戎劉伶相友善號竹林七賢皆崇尚虛無輕蔑禮法鍾會聞康名造之康箕踞而鍛會將去康曰何所聞而來何所見

以濮陽興爲丞相

吳永安五年

吳立子𩅦爲太子 𩅦音彎

子詰汾使南遷居匈奴故地詰汾死力微立復徙居定襄之盛樂部衆浸盛諸部畏服之至是始遣其子沙漠汗貢于魏因留爲質　索頭鮮卑別部也姓拓拔氏其俗以索辮髮故號　詰汾元魏神元皇帝名　盛樂縣名屬定襄郡後魏初拓拔力微都此號盛樂

大夫乃以為放達爭慕效之此晉俗之敝其所由來者遠矣

癸未 炎興元年 是歲漢亡

春詔立故丞相亮廟于沔陽

夏五月

秋魏遣鄧艾鍾會將兵入寇關口守將傅僉死之

姜維戰敗還守劒閣

冬十月吳人來援 告急于吳吳來救漢

魏景元四年

而去會曰聞所聞而來見所見而去遂深銜之後會譖康于昭昭遂殺之

魏以鍾會都督關中軍事

魏司馬昭始稱相國晉公受九錫

吳永安六年

吳交阯殺其太守以降魏

吳使大將軍丁奉向壽春丁封孫異向沔

衛將軍諸葛瞻及鄧艾戰于綿竹敗績及其子尙皆死之

鄧艾至成都帝出降北地王諶死之漢亡

漢人不備魏兵卒至帝使羣臣會議或勸奔吳或勸入南中譙周俱以爲不必乃遣使奉璽綬詣艾降北地王諶怒曰若理窮力屈禍敗將及便當父子君臣背城一戰同死社稷以見先帝可也奈何降乎帝不聽諶哭于昭烈之廟先殺妻子而後自殺帝別敕姜維使降鍾會又送士民簿于艾艾至成都城北帝率羣臣面縛輿櫬詣軍門艾持節解縛焚櫬延見禁將士無得擄掠輒依鄧禹故事拜漢帝以下官

魏以鄧艾爲太尉鍾會爲司徒

中救漢

吳兵還

姜維身都將相喪師蹙境黃皓寵冠一時殄民誤國漢祚顛覆偷生苟免至于死節之臣乃在傅僉諸葛瞻父子及北地王諶而已是時鄧艾孤軍深入使漢之君臣能竭力死守未必遽爾滅亡後主庸才既不知國君死社稷之義譙周諸人又輕以其國予賊其視諶同死社稷之言與大哭于昭烈之廟而死之節曾犬彘之不若嗚呼諶雖已死其言至今凜凜猶有生氣帝禪有子如此而不能聽用其言可謂上愧乃父下愧乃子矣

甲申

春正月

三月

魏主奐咸熙初年

魏以檻車徵鄧艾鍾會謀反伏誅監軍衛瓘襲艾殺之

魏晉公昭進爵為王

魏詔晉公昭進爵為王進命其父懿為宣王兄師為景王

魏封故漢帝禪為安樂公

吳主晧元興初年

珍倣宋版印

魏主奐咸熙初年
吳主皓元興初年

秋七月

禪舉家遷洛陽大臣無從行唯郤正及張通單身從行正相導宜適舉動無闕禪乃恨知正之晚○郤正偃師人

吳主休殂烏程侯皓立

休疾手書呼丞相濮陽興入指覃托之而卒諡曰景帝吳人以蜀初亡恐懼欲得長君左典軍萬彧嘗為烏程令與皓善稱皓才識明斷乃長沙桓王之儔屢言于興及左將軍張布布興說朱太后迎皓立之吳主貶朱太后為景皇后追諡其父和曰文皇帝尊母何氏為太后

八月

魏晉王昭以其子中撫軍炎為副相國冬十月立為晉世子

初晉王昭娶王肅之女生炎及攸以

冬十一月

攸繼景王後攸性孝友多藝優于炎昭愛之嘗曰天下者景王之天下欲以攸爲世子山濤曰廢長立少違禮不祥賈充何曾等亦以炎有超世之才非人臣之相乃立炎爲世子

吳殺其丞相濮陽興左將軍張布

乙酉

夏五月

秋七月

魏咸熙二年晉世祖司馬炎泰始元年

魏晉王昭號其妃曰后世子曰太子

吳甘露初年

吳主殺景后及其二子

八月

冬

十二月

晉武帝泰始元年
吳主皓甘露初年

魏晉王昭卒太子炎嗣

諡昭為文王葬崇陽陵○在河南府洛陽縣東南

吳遷都武昌

魏晉王炎稱皇帝廢魏主為陳留王

魏亡

魏主禪位于晉出舍金墉城晉王即皇帝位奉魏主為陳留王即宮于鄴魏氏諸王皆降為侯追尊宣王景王文王為皇帝尊王太后為皇太后

晉大封宗室

晉愍魏氏孤立之敝故大封宗室授以職任

除漢魏宗室禁錮罷將吏質任

丙戌

春正月

三月

夏六月晦日食

秋八月

冬十月朔日食

十一月

晉以傅玄皇甫陶爲諫官

晉泰始二年

吳寶鼎初年

晉立七廟

晉除郊祀五帝座 晉主王肅外甥故郊祀之禮有司多從肅議

吳遣使如晉弔祭

晉主謁崇陽陵

吳以陸凱萬彧爲左右丞相

晉幷圓方邱之祀于南北郊

晉武帝泰始四年
吳主皓寶鼎二年

十二月

吳還都建業

丁亥

春正月

夏六月

秋九月

晉泰始三年

晉立子衷爲太子

徵犍爲李密不至

晉禁星氣讖緯之學

吳寶鼎二年

吳作昭明宮

索頭質子歸國晉遺之也

戊子

春正月

三月

夏四月

秋七月衆星西流如雨而

晉泰始四年

晉主親耕耤田

晉太后王氏殂

太保王祥卒

吳寶鼎三年

	（上年續）	己丑	庚寅
紀	隕 九月	春二月 秋九月有星孛于紫宮 冬十月	夏四月
晉	晉大水	晉泰始五年 晉青徐兗州大水 晉以羊祜都督荊州軍事 晉錄用故漢名臣子孫	晉泰始六年
吳		吳建衡初年 吳左丞相陸凱卒	吳建衡二年 吳以陸抗都督諸軍治樂鄉

辛卯

春正月

冬十月朔日食

十一月

晉泰始七年

晉安樂公劉禪卒 諡曰思○于是漢亡八年矣

吳建衡三年

吳主大舉兵遊華里不至而還

晉匈奴右賢王劉猛叛走出塞

劉猛寇晉幷州

壬辰

春正月

二月

晉泰始八年

晉太子衷納妃賈氏 賈充之女也妒忌多權詐

晉太宰安平王孚卒 孚字叔達臨終遺令曰有魏貞士司馬孚

吳鳳凰初年

匈奴殺劉猛降晉

晉武帝泰始八年 吳主皓鳳凰初年

		晉	吳
	秋七月	晉以賈充爲司空	
	九月		吳步闡據西陵叛降晉
	冬十月朔日食		吳陸抗拔西陵誅步闡晉羊祜等救之不及
	十一月		吳殺其丞相萬彧將軍留平大司農樓玄
癸巳	夏四月朔日食	晉泰始九年 晉以鄧艾孫朗爲郎中	吳鳳凰二年 吳主殺其侍中韋昭
甲午	秋七月朔日食	晉泰始 晉選公卿女備六宮	吳鳳凰

珍倣宋版印

春正月日食

三月日食

秋七月

	晉	吳
十年 / 三年	晉詔自今不得以妾媵爲正嫡 晉取良家女入宮	吳殺其章安侯奮 時訛言奮當爲天子於是吳主誅之及其五子
乙未 晉武帝咸寧元年 吳主皓天冊初年	晉咸寧 晉后楊氏殂 晉以山濤爲吏部尚書 晉以嵇紹爲秘書丞 紹康之子也 晉作河橋 晉邵陵公曹芳卒 于是邵陵廢二十一年矣及晉始卒魏之俗猶近厚也	吳天冊 吳大司馬荊州牧陸抗卒 吳比三年大疫 三年大疫民何如哉吳之亡決矣

	丙申
夏六月 秋七月晦日食 冬	秋八月 冬十月
元年 晉追尊祖宗廟 晉大疫	晉咸寧二年 晉加羊祜征南大將軍 晉立后楊氏以后父
初年	吳天璽初年 吳臨平湖開石印封發 吳殺其郡守張詠車浚尚書熊睦
索頭遣子入貢于晉 [索頭拓拔力微復遣其子沙漠汗入貢于晉]	

珍倣宋版印

丁酉

春正月朔日食

三月

秋七月有星孛于紫宮

冬十二月

晉武帝咸寧三年
吳主皓天紀初年

驍爲車騎將軍

晉咸寧三年

晉擊禿髮樹機能破之降諸胡二十萬口

晉詔遣諸王就國封功臣爲公侯

晉大水

吳天紀初年

吳人襲晉江夏汝南大略而還

晉擊禿髮樹機能破之

鮮卑俗耕婢曰禿髮其先乃婢因以爲氏史曰其先壽闐之在孕母相掖氏因寢而產于被中鮮卑謂被爲禿髮後因氏焉樹機能名也壽闐之孫

索頭拓拔力微死

子悉祿立其國遂衰

吳司直中郎將張俶伏誅

戊戌

春正月朔日食

夏六月

秋

冬

十一月

晉咸寧四年

晉羊祜入朝

晉大水螟

晉以衛瓘爲尚書令

晉詔無得獻奇技異服

晉以杜預爲鎮南大將軍都督荊州諸軍事鉅平侯羊祜卒

祜疾篤舉預自代而卒晉主哭之甚哀謚曰成

吳天紀二年

吳殺其中書令張尚

吳人大佃皖城晉人攻破之

己亥

春正月

冬十一月

晉武帝咸寧五年
吳主皓天紀三年

晉司空何曾卒

晉清泉侯傅玄卒

晉咸寧五年

晉遣將軍馬隆討樹機能斬之

晉以匈奴劉淵爲左部帥

亂華之禍始此矣

晉大舉兵分道伐吳

王濬上疏曰吳主皓荒淫凶逆宜速征伐若皓死更立賢主則強敵也臣

吳天紀三年

樹機能陷晉涼州晉遣將軍馬隆討斬之涼州平

匈奴劉淵爲左部帥

淵字元海匈奴左賢王豹之子博習經史嘗恥隨何陸賈無武絳勃灌嬰無文于是兼學武事爲任子在洛陽王渾及其子濟皆重之屢薦于晉主晉主與語悅之以爲由余日磾無以過也會豹卒以淵代爲左部帥

作船七年且有朽敗臣年七十死亡無日三者一乖則難圖矣于是晉主決意伐吳

粤稽先王別異封域置夷狄于要荒之外其有慕義來王者亦以國門外處之所以謹華戎之辨嚴內外之防也自曹操分匈奴為五部處之內地種類漸繁晉氏繼之盍知所革旣不能然而在朝之臣如王濟李憙之薦方且交譽劉淵之才乃欲畀之重任是所謂資寇兵借盜糧縱圈檻之虎豹而使之噬嚙于通衢者也綱目書晉以匈奴劉淵為左部帥所以見五部之亂自此兆矣噫

歷代統紀表卷之五

珍倣宋版印

西元二〇二〇年四月一日重製一版

歷代統紀表 冊一（清段長基撰）

平裝四冊基本定價參仟參佰元正
（郵運匯費另加）

發行人　張　敏　君
發行處　中　華　書　局
臺北市內湖區舊宗路二段一八一巷八號五樓（5FL., No. 8, Lane 181, JIOU-TZUNG Rd., Sec 2, NEI HU, TAIPEI, 11494, TAIWAN）
客服電話：886-2-8797-8396
公司傳真：886-2-8797-8909
匯款帳戶：華南商業銀行西湖分行
179100026931
印　刷：維中科技有限公司
海瑞印刷品有限公司

No. N1019-1

國家圖書館出版品預行編目(CIP)資料

歷代統紀表 /(清)段長基. -- 重製一版. -- 臺北市 : 中華書局, 2020.04
冊 ; 公分
ISBN 978-986-5512-03-3(全套 : 平裝)

1.中國史 2.年表

610.5 109003700